Rund ums
Schloss S. 14
❶

Weststadt
S. 45

Innenstadt
S. 26

❺

Oststadt
S. 47

Marktplatz ❼
❿ Staatliches Museum für
Naturkunde Karlsruhe

Süd- und Südweststadt
S. 40

⓲

ZKM I
Zentrum für Kunst
und Medien und
Städtische Galerie

Zoologischer Stadtgarten Karlsruhe
⓱

Staatliche Kunsthalle ❺

Schloss mit Badischem Landesmuseum ❶

W0233515

Inhalt

Günter Schenk

CITY|TRIP
KARLSRUHE

Nicht verpassen! Karte S. 3

1 **Schloss mit Badischem Landesmuseum [F1]**
Seit mehr als 300 Jahren prägt der prachtvolle Bau die Stadt. Früher waren hier Markgrafen und Großherzöge zu Hause, heute beherbergt das Schloss das Badische Landesmuseum (s. S. 14).

5 **Staatliche Kunsthalle [E2]**
Mehr als hunderttausend Werke zählen zum Bestand des Museums. Die 800 schönsten werden in einer Dauerausstellung präsentiert, unter anderem Gemälde von Dürer, Rembrandt, Cézanne, Klee, Kandinsky und Nolde (s. S. 24).

7 **Marktplatz mit Rathaus und Evangelischer Stadtkirche [F3]**
Am Marktplatz schlägt das Herz der Stadt. Die Pyramide in der Mitte des Platzes erinnert an den Stadtgründer (s. S. 29).

10 **Staatliches Museum für Naturkunde Karlsruhe [E3]**
Hier gibt es lebende Krokodile, aber auch 140 Millionen Jahre alte Fossilien. In Karlsruhe hat die Evolution ein Gesicht (s. S. 32)!

17 **Zoologischer Stadtgarten Karlsruhe [E5]**
Der Zoo ist einer der ältesten Deutschlands. Gut eine Million Besucher schauen hier jährlich u. a. Elefanten, Raubkatzen, Eisbären oder seltenen Vögeln bei ihrem tierischen Treiben zu (s. S. 41).

18 **ZKM | Zentrum für Kunst und Medien und Städtische Galerie [B4]**
Eine ehemalige Waffen- und Munitionsfabrik ist heute Heimat einer der weltweit wichtigsten Stätten interaktiver Medienkunst. Ein Ort, der alle Sinne anspricht (s. S. 44).

25 **Durlach mit Turmberg**
Karlsruhes Hausberg bietet einen tollen Panoramablick über die Rheinebene. Bequem ist die Auffahrt mit Deutschlands ältester Standseilbahn (s. S. 50).

26 **Ettlingen**
Mittelalterliche Gassen und historische Bauten – Ettlingen blickt auf 2000 Jahre Geschichte zurück. Ein Städtchen mit Charme, das sich zu erobern lohnt (s. S. 56).

28 **Schloss Favorite**
Ein Märchenschloss wie aus dem Bilderbuch. Nur eine halbe Autostunde von Karlsruhe entfernt haben die barocken Träume einer Markgräfin Gestalt angenommen – auch im Schlosspark (s. S. 61).

Leichte Orientierung mit dem cleveren Nummernsystem
Die Sehenswürdigkeiten sind im Text und im Kartenmaterial mit derselben **magentafarbenen ovalen Nummer** ❶ markiert. Alle anderen Lokalitäten wie Geschäfte, Restaurants usw. tragen ein **Symbol und eine fortlaufende rote Nummer** (🛍1). Die Liste aller Orte befindet sich auf Seite 139, die Zeichenerklärung auf Seite 142.

Karlsruhe Card

48 Karlsruhe Card

24 Karlsruhe Card

72 Karlsruhe Card

Karlsruhe
kompakt in einer Karte!
www.karlsruhe-card.de

*Preis ohne ÖPNV Angebot.

KTG Karlsruhe Tourismus GmbH
Beiertheimer Allee 11a | 76137 Karlsruhe

karlsruhe
www.karlsruhe-tourismus.de

97 Karlsruhe verstehen

111 Praktische Reisetipps

131 Anhang

Zeichenerklärung

★★★   nicht verpassen
★★   besonders sehenswert
★   wichtig für speziell interessierte Besucher

[A1]   Planquadrat im Kartenmaterial. Orte ohne diese Angabe liegen außerhalb unserer Karten. Ihre Lage kann aber wie die von allen Ortsmarken mithilfe der begleitenden Web-App angezeigt werden (s. S. 142).

Vorwahlen

❯ für Deutschland: 0049
❯ für Karlsruhe: 0721

Karlsruhe ist eine Stadt mit Zukunft. Das sieht man an den vielen Baustellen, die bis 2019 das Stadtbild prägen werden, denn unter der Erde entstehen neue Tramtrassen: modernste Mobilität für die nächsten Generationen. Schließlich prophezeien die Demografen Karlsruhe als einer der wenigen deutschen Großstädte eine Verjüngung seiner Einwohner. Renommierte Theater und Museen sind das Aushängeschild der Stadt zwischen Schwarzwald und Rhein, Universitäten und Forschungsinstitute die Pfunde, mit denen man Wissenschaftler und Erfinder aus aller Welt lockt. Dazu punktet Karlsruhe mit Einkaufs- und Kulturzentren – und einem breiten gastronomischen Angebot.

Alter Schlachthof

Wo man vor gut einem Jahrzehnt noch Fleisch zerhackte, sind heute Karlsruhes Kreative zu Hause. Auf dem Gelände des ehemaligen Schlachthofs haben sich Ateliers und Musikklubs, Biergärten und Restaurants, Kleinkunstbühnen und Theater angesiedelt (s. S. 48).

Schlossgartenbahn

Von Ostern bis Allerheiligen dreht eine Lokomotive mit kleinen Waggons ihre Runden im Schlossgarten – die bequemste Art, die große Grünanlage kennenzulernen (s. S. 21).

Gutenbergplatz

Karlsruhe lebt auch auf seinen Plätzen. In der Weststadt ist der Gutenbergplatz dreimal wöchentlich Veranstaltungsort eines Wochenmarkts. Kleine Cafés und Restaurants säumen den beliebten Treffpunkt inmitten alter Bürgerhäuser (s. S. 46).

KARLSRUHE ENTDECKEN

Karlsruhe ist eigentlich zu jeder Jahreszeit einen Besuch wert, denn zu entdecken gibt es genug, vor allem auch die vielen Museen. Sie sprechen Freunde moderner Kunst ebenso an wie Liebhaber alter Gemälde. Aber auch an Geschichte, Technik und Wissenschaft Interessierte kommen in den Musentempeln auf ihre Kosten. Da die wichtigsten Sehenswürdigkeiten der Stadt südlich des Schlosses auf relativ engem Raum konzentriert sind, braucht man als Besucher kein Auto. In den sehenswerten Stadtteil Durlach fahren Busse und Bahnen – auch zu fast allen anderen außerhalb der City gelegenen Sehenswürdigkeiten. Selbst benachbarte Ausflugsziele wie die Schlösser in Bruchsal **31**, Rastatt **29** und Ettlingen **26** oder das Albtal (s. S. 58) sind mit öffentlichen Verkehrsmitteln einfach zu erreichen. Ja, sogar in den Schwarzwald, die Pfalz und das nahe gelegene Elsass ist man schnell und preiswert mit der Bahn unterwegs.

Karlsruhe entfaltet seinen Charme gleich mehrfach: mit historischen Bauten und einzigartigen Museen ebenso wie mit seinen Menschen, einer bunten Mischung vor allem Junggebliebener und ganz junger Leute. Schließlich studieren in Baden-Württembergs zweitgrößter Stadt mehr als 40.000 Frauen und Männer. Aus vielen Dutzend Nationen übrigens, die Karlsruhe auch ein bisschen weltstädtisches Flair verleihen – zumindest auf den zweiten Blick!

▷ *Wappen-Graffiti auf dem Hafengelände*

◁ *Vorseite: Der Schlossplatz (s. S. 19) mit Denkmal des Großherzogs Karl Friedrich von Baden*

Karlsruhe an einem Tag

„Karlsruhe an einem Tag" ist für viele Besucher Realität. Das beweisen vor allem die Übernachtungsstatistiken. Kein Wunder, denn die Mehrzahl der nach Karlsruhe Kommenden sind Geschäftsreisende, die an ihren Arbeitsbesuch vielleicht noch eine kurze Stadtbesichtigung anhängen. Was aber fängt man bei einer Kurzvisite in Karlsruhe am besten an? Das **Schloss 1** ist die wichtigste Sehenswürdigkeit und auf alle Fälle einen Besuch wert. Bei schlechtem Wetter lockt das **Badische Landesmuseum 1**, im Sommer der **Schlossgarten** samt **Botanischem Garten 3**. Auf Kunstfreunde wartet gleich um die Ecke die **Staatliche Kunsthalle 5** und von dort sind es nur ein paar Schritte zur **Kaiserstraße 6**, einer der längsten Einkaufsmeilen im deutschen Süden.

Das Stadtwappen

Karlsruhes Stadtwappen zeigt ein **rotes Schild** mit beiderseits silbern (weiß) eingefassten **goldenen (gelben) Schrägbalken.** Darauf steht in schwarzen lateinischen Großbuchstaben **FIDELITAS** – zu Deutsch „Treue". Die Schrift soll an den anlässlich der Stadtgründung gestifteten Hausorden der Treue erinnern.

005kr-gs

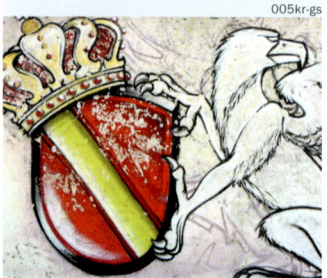

Tierfreunde und Frischluftfanatiker finden auf dem Weg von der Innenstadt zum Bahnhof mit dem **Zoologischen Stadtgarten** ⓱ eine grüne Oase. Wer das bürgerliche Karlsruhe mit Gründerzeitbauten aus dem späten 19. und frühen 20. Jahrhundert sucht, ist in der **Weststadt** (s. S. 45) am richtigen Platz. Freunden neuen urbanen Großstadtlebens bieten der **Alte Schlachthof** ㉑ im Osten der Stadt oder das **Zentrum für Kunst und Medien** ⓲ (kurz ZKM) im Westen Karlsruhes die passende Szenerie.

Wer sich für die Geschichte der Stadt interessiert, ist im **Prinz-Max-Palais** ⓯ am richtigen Ort, wo das Stadtmuseum unter anderem das vor 200 Jahren vorgestellte erste Laufrad, den Vorläufer unseres Fahrrads, präsentiert oder den Nachbau des ersten Automobils. Die Evolution schließlich ist großes Thema im **Staatlichen Museum für Naturkunde** ⓾. Da bleibt dem Tagesbesucher letzten Endes nur die Qual der Wahl!

Wer die Stadt bei einem **Spaziergang** erkunden möchte, findet einen Vorschlag hierfür auf Seite 13.

Karlsruhe an einem Wochenende

1. Tag

Vormittags

Warum im Hotel frühstücken? Große und kleine Cafés bieten allen Langschläfern den passenden Einstieg – zum Beispiel im **Café Juli** (s. S. 45) oder im **Café Palaver** (s. S. 41), das sonntags mit großem Brunch lockt. Wer will, kann auf einem der **Märkte** (s. S. 91) Station machen – etwa auf dem Gutenbergplatz ⓳ im Karlsruher Westen, wo dreimal wöchentlich mit Lebensmitteln gehandelt wird. Aber auch im **Schloss** ❶ und anderen **Musentempeln** locken kleine **Cafés**, die den Einstieg in den Museumsbummel erleichtern. Vieles gibt es da zu entdecken – mit der Karlsruhe Card (s. S. 116) auch kostenlos!

Immer eine Stippvisite wert: Karlsruhes Schlossgarten (s. S. 19)

Nachmittags

Mittags ist Zeit für einen **Einkaufsbummel**, die großen Einkaufszentren am Ettlinger Tor (s. S. 87) oder Europaplatz (**Postgalerie**, s. S. 87) locken ebenso wie die **Kaiserstraße** ❻, die weitgehend autofreie Ost-West-Achse mit ihren vielen Läden und Geschäften, Cafés, Restaurants und Schnellimbissbetrieben, die Döner und Pizza ebenso feilhalten wie Snacks und Smoothies. Bei schlechtem Wetter ist der Besuch des **Zoologischen Stadtgartens** ❼ eine lohnende Alternative für alle, die keine Lust zum Shoppen haben. Lebenden Tieren begegnet man auch im **Staatlichen Museum für Naturkunde** ❿, das die Geschichte der Evolution besser als jedes Buch vor Augen führen kann.

△ *Im Staatlichen Museum für Naturkunde* ❿ *ist die Evolution das Thema*

Abends

Gut essen oder ein bisschen Kultur? Abends haben Besucher die Qual der Wahl. Erste Adresse ist das **Badische Staatstheater** ⓰, eine der renommierten Spielstätten im Land. Wer anderes als Oper, Ballett und Schauspiel sucht, ist im **Alten Schlachthof** ㉑, dem neuen Kulturzentrum in der Oststadt, oder einer der vielen anderen **Kleinkunstbühnen** (s. S. 83) an der richtigen Adresse.

Freunden der Bauhaus-Architektur sei die **Dammerstock-Siedlung** ㉔ empfohlen, nur zwei S-Bahn-Stopps vom Hauptbahnhof entfernt. Sie ist ein Werk des Architekten Walter Gropius und dort findet sich mit dem **Restaurant erasmus** (s. S. 80) eines der wenigen Slow-Food-Lokale der Stadt. Hier werden ausgesuchte Bio-Menüs serviert: holländischer Steinbutt ebenso wie badischer Blumenkohl, dazu feine Weine. Gehobene badische Küche kommt in der denkmalgeschützten Wirtsstube der **Künstlerkneipe** (s. S. 78) im Stadtteil Daxlanden auf den Tisch. Und noch feiner speist man im **Erbprinz** (s. S. 58) in Ettlingen, wo renommierte Sterneküche aufgetischt wird. Wer es einfacher mag: Unter den mehr als 500 Restaurants in Karlsruhe ist für jeden Geschmack und Geldbeutel etwas dabei.

2. Tag

Vormittags

In **Durlach** ㉕ begegnet man dem „alten Karlsruhe" mit den Resten markgräflichen Charmes. Den Bummel durch den Vorort versüßen die vielen Cafés und kleinen Bistros. Bei gutem Wetter ist der Turmberg, Karlsruhes Hausberg, unbedingt einen Ausflug wert. Den Aufstieg erleichtert die Turmbergbahn, eine der äl-

Das gibt es nur in Karlsruhe

> **Die älteste Zweisystem-Stadtbahn Deutschlands.** *Dabei handelt es sich um Schienenfahrzeuge, die mit Gleich- und Wechselstrom fahren und so auf innerstädtischen Straßenbahngleisen ebenso fahren können wie auf den Strecken der Bundesbahn. Das weltweit erste Zweisystem-Fahrzeug war ab 1986 in Karlsruhe unterwegs und wurde anschließend zur Serienreife weiterentwickelt. Inzwischen hat das sogenannte „Karlsruher Modell" auch in anderen deutschen Städten wie Saarbrücken oder Kassel Nachahmer gefunden.*

> *Die Karlsruher firmieren bis heute unter dem Spitznamen* **Brigand** *bzw.* **Brigant.** *Allerdings ist noch immer unklar, woher der Name genau stammt - ob von italienischen Bauarbeitern der Gründungszeit oder von neidischen Nachbarn. Beide Deutungen machen Sinn. So wurden zum Beispiel die bei der Stadtgründung beschäftigten Tagelöhner aus Italien von den Einheimischen gern wie in Sizilien als „Briganti" oder mit dem französischen Wort für Räuber als „Brigand" bezeichnet und zum allgemeinen Dialektausdruck.*

> **Deutschlands erste echte E-Mail:** *Die Botschaft wurde am 2. August 1984 im amerikanischen Cambridge (Massachusetts) abgeschickt und einen Tag später im Rechenzentrum der Karlsruher Universität empfangen. Den Willkommensgruß des US-amerikanischen CSNet, einer 1981 gegründeten Plattform zur elektronischen Kommunikati-*

on von Wissenschaft, Industrie und Regierung, beantwortete damals der Karlsruher Internetpionier Werner Zorn. 1994 bis 1998 wurden von Karlsruhe aus sämtliche deutschen Internetdomänen verwaltet, sodass man Karlsruhe zur „Internethauptstadt Deutschlands" ernannte.

> *Keramik und Kunst verbindet die* **Staatliche Majolika Manufaktur Karlsruhe ❷**. *Seit über 100 Jahren arbeiten weltberühmte Künstler in ihrem Auftrag. Souvenirsucher kommen in der Anlage hinter dem im Schlossgarten ebenso auf ihre Kosten wie Keramikfreunde. Die schönsten Werke zeigt eine Dauerausstellung im Museum Majolika.*

> *Karlsruhes Lessing-Gymnasium (Sophienstraße 147) gilt als das* **älteste Mädchengymnasium Deutschlands.** *Seine Anfänge hatte es 1893 in einer Volksschule in der Karlsruher Waldstraße, dem heutigen Fichte-Gymnasium. Bis dahin hatten Frauen nirgendwo sonst in Deutschland die Möglichkeit, sich in einem Vollgymnasium auf das Abitur vorzubereiten. Im Jahr 1899 legten die vier ersten Schülerinnen ihr Abitur ab. „Der Einfluss veredelnder Weiblichkeit auf ihre Umgebung, gezeigt an Goethes Iphigenie", lautete damals ihr Abiturthema. Von den vier Damen wurde eine die erste Ärztin, die in Deutschland studiert hatte, eine andere immatrikulierte sich als erste Studentin an der Technischen Hochschule Karlsruhe, die im heutigen Karlsruher Institut für Technologie aufgegangen ist.*

008kr·gs

testen deutschen Standseilbahnen. Naturfreunde erobern die Rheinauen (s. S. 54) und machen an Sommertagen vielleicht in einem der Bäder (s. S. 123) oder an einem der Badeseen Station.

Nachmittags

Auch am zweiten Tag gibt es sicherlich noch einige der Sehenswürdigkeiten der Stadt zu entdecken – zum Beispiel das **Zentrum für Kunst und Medien** ⓲, das ein Muss für alle ist, die sich für zeitgenössische Kunst interessieren, die im Karlsruher Westen interaktiv und häufig in ungewohntem Rahmen daherkommt. Kontrastprogramm für alle Liebhaber des Barock sind die **Residenzschlösser** in **Rastatt** ㉙ und **Bruchsal** ㉛, das **Lustschloss Favorite** ㉘ oder das mittelalterliche **Ettlingen** ㉖, wohin einen schnell die S-Bahn bringt. Letztere fährt auch weiter ins Albtal, wo sich mit **Bad Herrenalb** ㉗ eine der Perlen des Nordschwarzwalds findet. Seine Umgebung ist ein Wanderparadies:

Einfach ist z. B. der Weg von den Klosterruinen in Bad Herrenalb zu denen in Frauenalb, von wo es ebenfalls mit der S-Bahn wieder zurück nach Karlsruhe geht.

Abends

Im Sommer könnte die Visite in der „Residenz des Rechts" in einem **Biergarten** (s. S. 82) ausklingen oder einem anderen gemütlichen Plätzchen inner- oder außerhalb der Stadt. Vielleicht auch auf den satten Wiesen im Schlossgarten oder auf einer der Bänke auf dem Schlossplatz, wo sich mit dem alten **Schloss** ❶ vor Augen trefflich träumen lässt: von Zeiten, in denen hier noch die Markgrafen und Großherzöge das Sagen hatten und manch prominenter Zeitgenosse, von Goethe bis zum russischen Zaren, Station machte.

◿ *Nur ein paar S-Bahn-Minuten von Karlsruhe entfernt lockt Ettlingen* ㉖ *mit sehenswerter Altstadt*

Stadtspaziergang

Für den folgenden Spaziergang sollte man je nach Gehtempo zwei bis drei Stunden (ohne Besuchszeiten) einplanen. Ein Abstecher zu Zoo und Stadtgarten nimmt hin und zurück je eine weitere knappe Stunde in Anspruch.

Karlsruhe erobert man am besten vom **Schlossplatz** (s. S. 19) aus, unter dem sich auch eine große Tiefgarage findet. Unübersehbar auf dem weiten Platz ist das Denkmal für den Großherzog Karl Friedrich von Baden (1728–1811), der 73 Jahre lang Karlsruhes Geschichte mitbestimmte. Bei schlechtem Wetter könnte sich sofort ein Schlossbesuch anschließen, schließlich kann man im dort untergebrachten **Badischen Landesmuseum** einen ganzen Tag verbringen. Ansonsten geht es über die Straße Platz der Grundrechte und die Karl-Friedrich-Straße zum **Marktplatz** , dem historischen Herzen Karlsruhes. Pyramide, Stadtkirche und Rathaus sind bedeutende Zeugen der Stadtgeschichte. Ein kleiner Schlenker über die geschäftige **Kaiserstraße** führt zur **Kleinen Kirche** . Von dort erreicht man über die Zähringerstraße wieder den Markt.

Richtung Süden führt die Karl-Friedrich-Straße, die nach römischem Vorbild als „Via Triumphalis" angelegte einstige Prachtstraße, weiter über den **Rondellplatz** mit dem Großherzog-Karl-Denkmal zur Kriegsstraße. Unterwegs hat man die Möglichkeit, im **Einkaufszentrum Ettlinger Tor** (s. S. 87) auf Shoppingtour zu

⊳ *Sehenswert am Marktplatz* *:*
Evangelische Stadtkirche
und Pyramide

Routenverlauf im Stadtplan
Der hier beschriebene Spaziergang ist mit einer farbigen Linie im Stadtplan eingezeichnet.

gehen. Schräg gegenüber der Kriegsstraße präsentiert sich das **Badische Staatstheater** mit interessanten Kunstwerken wie dem Musengaul vor der Haustür.

An schönen Tagen kann man über Ettlinger Straße und Festplatz weiter zum **Zoologischen Stadtgarten** laufen, ansonsten taucht man quer durch das Einkaufszentrum Ettlinger Tor mit seinen vielen Shops tiefer in die City ein, wo sich am Friedrichsplatz das **Staatliche Museum für Naturkunde** findet. Ein großer Flugsaurier weist den Weg zum Eingang. Im Westen, die Erbprinzenstraße entlang, schließt sich die **Badische Landesbibliothek** an. Ihr gegenüber steht die **Pfarrkirche Sankt Stephan** und dahinter das **Ständehaus mit der Stadtbibliothek** .

011kr-gs

Die Herrenstraße [E3] führt den Stadtbummler am streng gesicherten **Bundesgerichtshof** ⑭ entlang in Richtung Kriegsstraße, von wo die Sophienstraße [A–D3] den Weg in die **Weststadt** (s. S. 45) mit der neoromanischen Bonifatiuskirche und vielen schönen Bauten aus der Gründerzeit öffnet. Spätestens am **Gutenbergplatz** ⑲, einem der gemütlichsten Treffs der Stadt, ist Zeit zum Verschnaufen – etwa im Café Juli (s. S. 45).

Nelkenstraße und Kaiserallee [A–D2], von wo man mit der Straßenbahn schnell zurück zum Marktplatz kommt, geleiten den Stadtbummler zur anschließenden Kaiserstraße mit dem Kaiser-Wilhelm-Denkmal und weiter zum Europaplatz. Hier steht das zweite große Einkaufszentrum der Stadt, die **Postgalerie** (s. S. 87).

Der Weg führt nun via Karlstraße in Richtung Norden zum **Prinz-Max-Palais** ⑮ mit dem interessanten Stadtmuseum. Vorbei an der **Münze** (s. S. 103), einer staatlichen Münzprägeanstalt, geht es zur **Staatlichen Kunsthalle** ⑤ weiter, deren Gemäldesammlung immer einen Besuch wert ist. Am **Bundesverfassungsgericht** ④ entlang ist man dann schnell wieder auf dem Schlossplatz, dem Ausgangspunkt des Stadtrundgangs.

012 kr-gs

Rund ums Schloss

Die wichtigsten Sehenswürdigkeiten liegen eng beieinander, sodass man Karlsruhe am besten zu Fuß erobert. Zentrum ist der Marktplatz mit seinen historischen Bauten, von dem es nur ein paar Fußminuten zum Schloss sind. Aber auch im Rest der Stadt gibt es Einiges zu entdecken. Bis Ende des Jahrzehnts müssen sich Besucher der Innenstadt allerdings immer wieder auf Baustellen und Umleitungen einstellen, verlegt die Stadt doch zurzeit einen Großteil ihres Straßenbahn- und Durchgangsverkehrs unter die Erde.

Karlsruhes Wahrzeichen ist das Schloss, das Schlossgarten, Schlossplatz und Botanischer Garten umrahmen. Mit dem Badischen Landesmuseum, das sich im Schloss befindet, und der Staatlichen Kunsthalle ist die Gegend zudem Hort bedeutender Kunstsammlungen. Und auch das Bundesverfassungsgericht, Hüter der Verfassung, hat neben dem Schloss seinen Sitz.

❶ Schloss mit Badischem Landesmuseum ★★★ [F1]

Das Schloss ist das meist fotografierte Gebäude der Stadt. Mitten im Wald hatte es Markgraf Karl III. Wilhelm von Baden-Durlach, der von Zeitgenossen gern mit Herkules und Amor verglichen wurde, anno 1715 errichten lassen: ein Lustschloss, geplant als Regierungssitz und inzwischen

◁ *Die Orangerie ist Teil der Staatlichen Kunsthalle* ⑤

▷ *Aus der Luft zeigt sich, warum Karlsruhe Fächerstadt genannt wird*

013kr-ktg

mehrfach um- und ausgebaut. Heute beherbergt der stattliche Bau mit seinem markanten Turm das Badische Landesmuseum, eine der bedeutendsten Kultur- und Kunstsammlungen Baden-Württembergs.

Baumeister des Schlosses Carols-Ruhe war **Jakob Friedrich von Batzendorf**. Die von dem Leutnant und Architekten geschaffene **weitläufige Anlage** in Form eines Halbmondes mit der Öffnung nach Süden und einem riesigen **Turm** wurde zum Grundstock der sogenannten **Fächerstadt** – ein Etikett, das Karlsruhe der Tatsache verdankt, das alle seine Straßen anfangs wie ein Fächer vom Schloss ausgingen. Eine Struktur, die man noch heute erkennen kann.

Da man beim Bau des Schlosses Geld sparen musste und vieles mit Holz statt Stein gebaut wurde, war das Gebäude schon bald ein Sanierungsfall. Schon Mitte des 18. Jahrhunderts ersetzte man deshalb die Holzkonstruktionen durch Steinbauten. Vom ersten Schloss blieben nur

der Turm und die Grundmauern übrig. Gegen Ende des Jahrhunderts erhielt die Residenz schließlich ihren letzten Schliff. Fenster und Türen wurden vergrößert, der anfangs frei stehende Schlossturm an den Mittelbau angebunden, um viele Meter verkleinert und mit einem neuen Dach versehen.

Das Innere bestimmten jetzt repräsentative Prunksäle wie der mit Stuckmarmor verkleidete **Marmorsaal**, der gleich über zwei Stockwerke reichte, geziert von der „Geburt der Venus", einem riesigen Deckengemälde. Daneben gab es Spiegel- und Thronsaal, Konversations-, Speise- und Spielzimmer. Im östlichen Seitenflügel kamen die Kanzleien der Hofverwaltung unter, im westlichen das Großherzogliche Geheime Kabinett. Bis 1918 diente das Schloss so den badischen Monarchen als Residenz, ehe das **Badische Landesmuseum** in die Bauten einzog.

Im September 1944 legten Bomber der Alliierten die Anlage in Schutt und Asche, sodass man nach Kriegs-

Markgraf Karl III. Wilhelm – ein Weiberheld als Stadtgründer

Er hatte nur einen Bruder - der zweite war schon als Säugling verstorben -, aber acht Schwestern. Ein Mann also, den das weibliche Geschlecht von Anfang an umgab. Vielleicht war dies ein Grund, dass Karl III. Wilhelm zu einem barocken Lebemann wurde, dem man fast zwei Dutzend uneheliche Kinder nachsagte und dessen Vater ihn brieflich ermahnte, sein „ohnwärtiges Pralen" zu lassen und sich um seine Gattin Magdalena Wilhelmine von Württemberg zu kümmern, die er 1697 geheiratet hatte. „Selbige ehren und lieben und in keinerley Weise zu beleidigen", hatte ihm der Vater damals mit auf den Weg gegeben.

Karlsruhes Stadtgründer war ein absoluter Herrscher, ein kriegserprobter Kämpfer, der Leid und Elend kannte, aber auch Prunk und Protz. Einer, der zwischen Lebenslust und Pflichtbewusstsein pendelte und gern rauschende Feste feierte, ein Herrscher, dem die mittelalterliche Enge Durlachs, seines Amtssitzes, zuwider war, mehr noch aber die Menschen dort, die sich sperrten, ihm Frondienste zu leisten und sein Schloss weiter auszubauen.

Deshalb begann der überzeugte Protestant nur ein paar Kilometer weiter ein neues Leben. Im Januar 1715 ließ er mitten im Hardtwald ein großes Waldstück roden, um sich ein neues Zuhause (Carols-Ruhe) zu schaffen. Schon ein knappes halbes Jahr später legte er den Grundstein zur neuen Residenz. Zum festlichen Anlass, den Trompeten- und Hörnerklang umrahmten, stiftete er den Ritterorden der Treue, lateinisch „Fidelitas" - ein Name, der noch heute das Karlsruher Stadtwappen ziert. Sieben Herren erhielten den mit Brillanten verzierten Ordensstern aus der Hand des Landesvaters, der schließlich mit seinem Hofstaat im neuen Domizil Einzug hielt. Nur seine Gattin, die er mit immer neuen Weibergeschichten immer mehr kränkte, blieb bis zu ihrem Tod 1743 in Durlach wohnen.

Den Grundriss seines neuen Karlsruher Schlosses soll Karl III. Wilhelm selbst entworfen haben. In seinem Zentrum stand der Schlossturm, von dem neun Straßen Richtung Süden abgingen. Die nördlichen Alleen führten durch einen großen Park, den heutigen Schlossgarten.

Mit der Gründung Karlsruhes erfüllte sich Karl III. Wilhelm einen Traum. Mit kostenlosen Bauplätzen, Steuervergünstigungen, Zollfreiheit und neuen bürgerlichen Freiheiten sowie verbilligtem oder gar kostenlosem

010kr

◁ *Karl III. Wilhelm, der Stadtgründer*

Baumaterial lockte der Markgraf Siedler aus allen Regionen hierher. Menschen allen Glaubens auch, die er so zusammenbrachte: Juden, Katholiken und Reformierte. Die Geistlichen wies er an, im Umgang mit Andersgläubigen christliche Mäßigung walten zu lassen. So viel Toleranz war beim Adel damals aber nicht gern gesehen. Liselotte von der Pfalz (1652-1722), die in Heidelberg geborene Schwägerin des französischen Königs Ludwig XIV. und passionierte Klatschtante, nannte den Markgrafen von Baden-Durlach einen „Narren in folio", auf Neudeutsch: einen „Spinner XXL". Zu diesem Urteil trug unter anderem seine Leidenschaft für holländische Tulpen und exotische Pflanzen wie Orangenbäume bei. Mit seiner am Rheinufer ankernden Jacht fuhr er immer wieder nach Holland, um Blumenzwiebeln zu kaufen, die damals ein Vermögen kosteten, um sie im Schlossgarten zum Blühen zu bringen. Viele Tausend Aquarelle dokumentierten die botanische Sammelleidenschaft des Herrschers, dem man nachsagte, sein Tod 1738 habe ihn inmitten der Tulpenbeete ereilt.

Zur Finanzierung seiner Regentschaft besteuerte der Markgraf Eisen, Salz und Tabak, deren Monopolverkauf er ausgesuchten Kaufleuten übertragen hatte. Eine andere Einnahmequelle war die Vermögenssteuer, die er immer wieder den Staatsausgaben anpasste. Außerdem wurde der Transithandel zwischen Basel und Frankfurt mit Zoll belegt, was weitere Einnahmen brachte, sodass er am Ende seiner Amtszeit seinem Nachfolger sogar ein kleines finanzielles Polster hinterlassen konnte.

ende ernsthaft überlegte, die Ruinen komplett abzutragen. Mitte der 1950er-Jahre aber entschloss man sich zum **Wiederaufbau**, der Ende des Jahrzehnts abgeschlossen war. Karlsruhes Wahrzeichen war wieder hergestellt, außen fast originalgetreu, innen mit modernen Ausstellungsräumen, in denen das Landesmuseum schließlich wieder Unterkunft fand – und mit ihm Teile des ehemaligen fürstlichen Inventars. Vom Schlossturm mit seiner mehr als 40 Meter hohen Aussichtsplattform – er kann heute im Rahmen eines Museumsbesuches bestiegen werden – bietet sich übrigens einer der schönsten Panoramablicke über Karlsruhe.

Badisches Landesmuseum

Das Badische Landesmuseum dokumentiert viele Tausend Jahre Kulturgeschichte. Es ist eines der wichtigsten Museen Südwestdeutschlands, in dem sich leicht ein ganzer Tag verbringen lässt. Seine Sammlungen reichen von der Ur- und Frühgeschichte über das Mittelalter bis ins 21. Jahrhundert. Das Museum entstand 1919 durch die Fusion der Vereinigten Großherzoglichen Sammlungen für Altertumskunde mit dem Badischen Kunstgewerbemuseum und fand in dem damals frei gewordenen Residenzschloss seinen Sitz. Mit rund 300.000 Besuchern jährlich zählt es zu den Publikumsmagneten der Stadt. Neben seiner ständigen Schau überrascht es immer wieder mit bemerkenswerten Sonderausstellungen.

Nachdem man die Museumsbestände während des Zweiten Weltkrieges weitgehend ausgelagert hatte, konnte man sie Ende der 1950er-Jahre in das wieder aufgebaute Schloss zurückbringen. Eine Generation später sortierte man die **Sammlungen**

O14krgs

neu und gliederte die vielen Neuerwerbungen in die ständigen Ausstellungen ein. Auf insgesamt vier Stockwerken geben sie heute einen Einblick in die Ur- und Frühzeit der Region, in antike Kulturen wie die der Römer am Oberrhein, in Hoch- und Spätmittelalter, Reformation, Absolutismus, Aufklärung und Badens Geschichte.

Die neue Sammlungsausstellung „Weltkultur/Global Culture" zeugt vom Dialog der Kulturen und trägt den zunehmend interkulturellen Gesellschaften Europas Rechnung. Es ist eine innovative Schau, in der Okzident auf Orient trifft, und die belegt, dass der Austausch von Waren, kulturellen Gütern und Ideen eine lange Tradition hat. „Das Museum", heißt es in einem Wandspruch, „wird wie ein Buch mit immer offenen, niemals geschlossenen Seiten sein".

Zu den Schwerpunkten des Museums gehört die **Dokumentation der**

badischen Geschichte.** Funde aus Bronze- und Hallstattzeit, keltischer Schmuck, Waffen und Keramiken zeigen, dass die Region schon früh besiedelt war. An die Zeit der Römer und Griechen erinnern u. a. Amphoren, Skulpturen, Statuen, Reliefs, Terrakotten, Waffen und Dinge des täglichen Gebrauchs. Madonnen, Heiligenfiguren, Altäre und Kruzifixe geben Zeugnis von Romanik und Gotik, weltlicher werden die Motive in Barock und Rokoko. Trachten, Schmuck, Möbel, Keramik, Glas, bäuerliches Gerät, Heiligenbildchen und viele andere volkskundliche Ausstellungsstücke belegen die Vielfalt badischen Volkslebens. Dazu kommt eine stattliche Münzsammlung, die Mitte des 17. Jahrhunderts begründet wurde und als eine der ältesten in Deutschland gilt.

Ausführlich dokumentiert wird auch die vom Freigeist seiner Bewohner getragene **politische Entwicklung Badens** und seine **Wirtschaftsgeschichte,** die sich in vielen Schwarzwald-Uhren, einem der Exportschlager des

△ Kolonialwarenladen
aus dem 19. Jh. im Landesmuseum

Landes, ebenso zeigt wie in den ersten Automobilen, historischen Postkutschen und alten Eisenbahnen. Besonders schön ist ein alter Kolonialwarenladen aus Sinzheim, der im Museum so wieder aufgebaut wurde, wie er um 1820 tatsächlich einmal ausgesehen haben soll. Zu den Schätzen des Museums gehören nicht zuletzt die Waffenkammer der einstigen badischen Herrscher und die sogenannte „Türkenbeute": Waffen, Fahnen, Schilde und Reitzeug wie Sättel und Steigbügel, die kaisertreue badische Fürsten in den Türkenkriegen des 17. Jahrhunderts erbeuteten.

Ein großer Teil der Museumsbestände ist **digitalisiert**, sodass man sich schon zu Hause auf den Besuch vorbereiten kann. Zum Landesmuseum gehören auch einige Zweigstellen. So ist die große Sammlung zur angewandten Kunst des 19. Jahrhunderts und zu Mode und Design des 20. Jahrhunderts im **Museum beim Markt** (s. S. 73) untergebracht. Die Tradition der Majolika-Herstellung dokumentiert das Museum in der **Majolika ❷** hinter dem Schlossgarten. Das Keramikmuseum in Staufen präsentiert Keramiken aus dem 20. Jahrhundert und wertvolle Musikautomaten finden sich im **Deutschen Musikautomaten-Museum** im **Bruchsaler Schloss ❸❶**.

Inzwischen hat das Landesmuseum mit einer grundlegenden Sanierung seiner Schlosssammlungen begonnen. So wird es künftig eine dauerhaft installierte Schausammlung geben, die Highlights der Sammlung thematisch in den Mittelpunkt rückt. Auf einer zweiten Fläche sollen maximal vier Jahre lang Gegenstände aus dem über 450.000 Objekte zählenden Fundus unter aktuellen Themenstellungen präsentiert werden.

Im Aufbau ist die **Expothek,** die den Besuchern ermöglichen soll, Objekte unmittelbar zu erleben, ein interaktives Museumsformat in der Abteilung Ur- und Frühgeschichte.

❭ **Badisches Landesmuseum,** Schlossbezirk 10, Tel. 0721 9266514, www.landesmuseum.de, Öffnungszeiten: Di.–Do. 10–17, Fr.–So. 10–18 Uhr, Eintritt: 4 €, Familienkarte: 8 € (Kinder bis 6 Jahre frei), freitags ab 14 Uhr freier Eintritt. Sonderausstellungen kosten extra, ebenso die Besteigung des Schlossturms, die noch einmal mit 4 € (Familienkarte 8 €) zu Buche schlägt. Ermäßigungen beim Schloss-Besuch gibt es für Inhaber einer BahnCard (www.bahn.de/kultur). Mehrmals wöchentlich finden Führungen zu verschiedenen Themen statt, jeden Freitag um 16 Uhr gibt es eine kostenlose Themenführung (Buchungstelefon: 0721 9266520). Für das leibliche Wohl der Besucher sorgt das Schlosscafé. Im gut sortierten Museumsshop, der auch online verkauft, gibt es neben Postkarten, Postern und Büchern auch zahllose Repliken von Sammlungsgegenständen.

Schlossgarten und Schlossplatz

Der Schlossgarten, manchmal auch Schlosspark genannt, und der **Schlossplatz** umrahmen das Schloss im Süden und Norden. Der Schlossplatz wurde ab 1730 in barocker Pracht nach französischem Vorbild zur Stadt hin angelegt. Je größer Karlsruhe wurde, desto mehr nutzte man ihn für Jahrmärkte, Truppenparaden oder politische Großveranstaltungen. Im Rahmen der Bundesgartenschau im Jahr 1967 wurde das Areal allerdings komplett neu gestaltet. Damals auch entstanden eine Tiefgarage und ein Straßentunnel, der die Ost-West-Querung Karlsruhes erleichtern sollte.

Auf dem Schlossplatz nicht zu übersehen ist das **Standbild des Großherzogs Karl Friedrich von Baden** (1728–1811). In seiner Rechten hält er eine Urkunde über die Aufhebung der Leibeigenschaft, die er 1783 politisch durchgesetzt hatte. Die weiblichen Figuren zu seinen Füßen sollen badische Landesteile symbolisieren. Fast ganz in Weiß präsentieren sich die Skulpturen rechts und links des Platzes. Sie stellen **antike Göttinnen und Götter** wie Diana, Venus, Bacchus oder Pan dar. Längst haben allerdings Kopien die barocken Originale ersetzt. Manche Skulptur wie die „Diana mit Köcher und Bogen" wurde gar erst zur Bundesgartenschau 1967 ganz neu aus Beton gegossen.

Auch der hinter dem Schloss gelegene **Schlossgarten** wurde zur Bundesgartenschau neu gestaltet. Die weiten Wiesen sind vor allem im Sommer dicht bevölkert, wenn sich hier Hunderte auf Decken räkeln, Picknick machen, Federball spielen oder sonst ein paar unbeschwerte Stunden genießen. Dann wird der Garten zur Freizeitoase. Anfangs durften den Schlossgarten nur die gehobenen Stände betreten, ab Ende des 18. Jahrhunderts aber auch die Bürger. Verboten war damals allerdings das Gehen „abseits der Wege, im Gebüsche oder auf dem Graßboden, alles Geräusche, Geschrei, Singen, Pfeifen, Tabakrauchen, heftiges Lauffen, überhaupt jedes unbescheidene oder gar unanständige Betragen".

Wie Schloss und Schlossplatz wurde auch der Schlossgarten mehrfach umgestaltet, je nachdem welche Gestaltung der Landschaft gerade Mode war. Heute ist er als **englischer Garten** mit einem großen künstlichen See angelegt. Zu den sehenswerten **Denkmälern** in der weitläufigen Anlage gehören u.a. ein gusseisernes Monument zu Ehren des Dichters Johann Peter Hebel (1760–1826), eines der ersten deutschen Dichter-Denkmäler, das von Bürgern gestiftet wurde, und der Weinbrenner-Tempel im nordwestlichen Teil, ursprünglich vom Stadtplaner Friedrich Weinbrenner (s. S. 28) als Teil eines riesigen Vogelhauses konzipiert. An die Moderne erinnern der „Garten der Steinernen Säulen",

016kr·gs

Schlossgartenbahn

Seit der Bundesgartenschau 1967 fährt gewöhnlich von Anfang April bis Allerheiligen im Schlossgarten eine kleine Bahn. Die **Rundfahrt** der Diesellok mit ihren Waggons dauert rund 20 Minuten. Für Sonderfahrten steht eine Dampflok zur Verfügung.

❯ Sa. 13–19, So. 11–19 Uhr, vom 1. Juni bis Ende September auch Mo.–Fr. 13–18 Uhr, Fahrpreis: Erw. 2,70 €, Kinder 1,70 €, Familienticket 5 €, Aufschlag bei Dampfbetrieb, www.kvv.de/freizeit/ freizeitbahnen/schlossgartenbahn

015kr-gs

eine im Rahmen der Bundesgartenschau 1967 entstandene **Brunnenanlage**, und ein 2015 hinter dem Schloss aufgestellter **Bronzethron**, der aus einem Baumstamm zu wachsen scheint – ein idealer Platz für Selfies. Zur Majolika Manufaktur ❷ weist der sogenannte „Blaue Strahl" den Weg, ein langes, inzwischen allerdings etwas in die Jahre gekommenes Band aus kleinen Majolika-Fliesen.

Fasanengarten heißt der östliche Teil des Schlossgartens mit bis zu 300 Jahre alten Eichenbäumen. Bereits vor der Stadtgründung hatte ihn Markgraf Karl III. Wilhelm von Baden-Durlach als Jagd- und Wildpark anlegen lassen. Vor allem Fasane waren hier zu Hause, zeitweise mehrere Tausend Tiere, die von einem sogenannten Fasanenmeister betreut wurden. Er wohnte im Fasanenschlösschen (Richard-Willstätter-Allee 2), das man Mitte des 19. Jahrhunderts im Park errichtet hatte. Ihm gegenüber finden sich zwei im Chinoiserie-Stil errichtete **Teehäuschen**, wie die Schirm tragenden Chinesen auf den Pavillondächern bis heute zeigen.

❷ **Staatliche Majolika Manufaktur, Galerie und Museum in der Majolika** ★

Nördlich des Schlossgartens befindet sich die Staatliche Majolika Manufaktur. Am besten nähert man sich ihr vom Schlossturm aus auf einem gut 400 Meter langen „Band" aus blauen Majolikaplatten, dem sogenannten **Blauen Strahl**. In der Manufaktur arbeitet heute eine Reihe von Künstlern. Die Herkunftsbezeichnung „MM" ist neben dem badischem Wappenschild und der großherzoglichen Krone als Gütesiegel auf vielen Tausend Objekten zu finden, die im Lauf der Jahre die Manufaktur verlassen haben. Sie wird seit August 2011 in Form einer Stiftung betrieben.

Gegründet wurde die **Kunstwerkstatt** 1901 von Großherzog Friedrich I., der damit die **Majolikatechnik** wieder aufleben lassen sollte. Bei ihr wird nach dem ersten Brand eine

◁ *Der Schlossgarten gehört zu den beliebtesten Freizeitoasen der Stadt*

weiße Zinnglasur auf die Keramiken aufgebracht, die beim zweiten Brand dann mit der Glasur verschmilzt – eine viele hundert Jahre alte Technik. Schon auf der Weltausstellung 1904 in St. Louis (USA) wurde die Karlsruher Manufaktur für ihre Arbeit mit einer Goldmedaille ausgezeichnet. 1919 wurde der Betrieb verstaatlicht, der seitdem vielen Künstlern eine Plattform für ihr Schaffen bietet. Zu den populärsten Zeugnissen der Arbeit in der Majolika zählen begehrte Trophäen wie der Bambi, einer der wichtigsten Medienpreise Deutschlands, für den die Karlsruher bis 1957 ein weißes Rehkitz aus ihrer Keramik-Manufaktur lieferten, ehe es durch einen vergoldeten Bronzeguss ersetzt wurde.

Heute wird in Karlsruhe vor allem **feinste und hochwertige Keramik** produziert. Figurinen und Schalen, Weinkühler und Tee-Service, aber großformatige Kunstwerke wie Öfen, Kamine oder Brunnen gehören zu den Angeboten der Werkstatt, für die auch renommierte Künstler wie Markus Lüpertz oder Luigi Colani arbeiten.

Über die Geschichte der Majolika informiert eine vom Badischen Landesmuseum betreute **Ausstellung** mit rund eintausend Exponaten. Sie gibt einen Überblick über die Produktion der Großherzoglichen, später Staatlichen Majolika-Manufaktur von ihren Anfängen bis in die Gegenwart. Für das leibliche Wohl sorgt die Cantina Majolika, die mittags und abends zu Tisch lädt bzw. sonn- und feiertags zum Brunch.

› **Majolika Galerie und Verkauf,** Ahaweg 6–8, Tel. 0721 9123776, www.majolika-karlsruhe.de, Di.–Fr. 10–18, Sa./ So. 11.30–17 Uhr. Im Rahmen eines zweistündigen Schnupperkurses besteht die Gelegenheit, ein selbst modelliertes Objekt zu gestalten oder eine bereits fertige Vase oder einen Teller zu bemalen. Außerdem kann man auf exklusiven Führungen nach Voranmeldung den Künstlern bei ihrer Arbeit über die Schulter schauen (Info-Tel. 0721 9123770).

› **Museum in der Majolika,** Tel. 0721 9266514, Anfang April–Dez. Di.–So. 10–13 und 14–17 Uhr, Anfang Jan.– Anfang April nur am Wochenende geöffnet, Eintritt frei

③ **Botanischer Garten und Orangerie** ★ [E1]

Vor allem im Sommer ist der westlich an den Schlossgarten grenzende Botanische Garten viel besucht. Aber auch den Rest des Jahres lohnt eine Visite der Anlage, die Hochzeitspaaren gern als Kulisse für Schnappschüsse vom „schönsten Tag ihres Lebens" dient. Heimische und exotische Gewächse, Bäume, Sträucher und Blumen sind hier auf engstem Raum zu finden. In den **Pflanzenschauhäusern** gibt es Kakteen und Sukkulenten, Orchideen und tropisches Grün. Die botanische Sammlung vereint Pflanzen von allen Kontinenten.

Markgraf Karl Friedrich (1746–1811) hatte den Botanischen Garten im 18. Jahrhundert als „hochfürstlichen Lustgarten" anlegen lassen. Später wurde er im Stil eines englischen Landschaftsgartens neu konzipiert. Mitte des 19. Jahrhunderts entstanden die neuen Pflanzenhäuser, zu denen ein Kakteenhaus, ein kleines Palmenhaus und ein Tropenhaus gehören. Zurzeit werden die Gewächshäuser mit ihren historischen Eisenkonstruktionen komplett saniert, außerdem sollen die Pflanzen in den Häusern wieder so aufgestellt werden wie es Mitte des 19. Jahrhunderts üblich war. Spätestens Ende 2017 wird der Botanische Garten dann wieder als authentisches Zeugnis ehemaliger Gartenarchitektur für Besucher offenstehen.

An den Botanischen Garten grenzt die **Orangerie,** die heute ein Teil der Kunsthalle ❺ ist und deren Öffnungszeiten teilt. Das Mitte des 19. Jahrhunderts erbaute Haus mit seiner großen Kuppel diente dem Großherzog einst für Festlichkeiten. Später wurde sie Heimstatt südländischer Pflanzen wie Orangen-, Zitronen- oder Granatbäumen. Heute zeigt die Kunsthalle dort ihre Werke der „Klassischen Moderne" – von Paul Cézanne bis Ernst Ludwig Kirchner, von Sigmar Polke bis Gerhard Richter.

❯ **Botanischer Garten Karlsruhe,** Hans-Thoma-Str. 6, Tel. 0721 9263008, www.botanischer-garten-karlsruhe. de. Der Garten ist ganzjährig und kostenfrei zugänglich. Die Schauhäuser sind gewöhnlich von Mai bis Dezember geöffnet: Di.–Fr. 10–16.45, Sa./So. 10–17.45 Uhr. **Bis voraussichtlich Ende 2017 wegen Sanierung geschlossen.**

❹ Bundesverfassungsgericht ★ [E2]

Das Tag und Nacht von uniformierter Polizei gesicherte Bundesverfassungsgericht an der Westseite des Schlossplatzes ist der Hüter der bundesrepublikanischen Verfassung und hatte von Anfang an seinen Sitz in Karlsruhe. Es war zunächst im Prinz-Max-Palais ❿ in der Karlstraße untergebracht, ehe es 1969 in das heutige Amtsgebäude zog.

Die **offene Bauweise** soll den Eindruck **demokratischer Transparenz** vermitteln. So ermöglichen gläserne Wände Einblicke in den großen Sitzungssaal, wo die Richter in den roten Roben gewöhnlich ihre Urteile sprechen. Nicht zu übersehen ist der etwa 600 kg schwere **Bundesadler** aus Holz an der Wand. Im Erdgeschoss des Sitzungssaalgebäudes befinden sich ein großes Foyer und der Plenarsaal, im ersten Oberge-

▽ *Der Botanische Garten – einst fürstlicher Lustgarten, heute Flaniermeile für Alt und Jung*

001kr-gs

schoss ein Empfangssaal und der Presseraum, im zweiten Obergeschoss der Sitzungssaal.

Der Gebäudeteil daneben, der sogenannte **Richterring**, beherbergt Büros und die Beratungsräume des Ersten und Zweiten Senats. Zum Botanischen Garten hin befindet sich das **Bibliotheksgebäude**. Der wissenschaftliche, öffentlich nicht zugängliche Bibliotheksbestand umfasst derzeit knapp 400.000 Bände und wächst pro Jahr um ca. 5000 Titel. Riesig auch ist der Zeitschriftenbestand mit 800 laufenden Abonnements. Zur Bibliothek gehört zudem ein Pressearchiv, das täglich zwischen 30 und 40 Zeitungen und Magazine auswertet und alle das Gericht angehenden Materialien sammelt. Im Erdgeschoss befinden sich die Büros der Bibliothek, ein Lesesaal und eine **Ausstellung** über die Anfangszeiten des Gerichts.

Die mündlichen Verhandlungen und Urteilsverkündungen des Gerichts sind öffentlich. Wegen der begrenzten Anzahl der Sitzplätze müssen sich **Besucher** allerdings vorher beim Besucherdienst anmelden. Dabei sind Name, Vorname, Geburtsdatum und die Erreichbarkeit (per Telefon, Fax oder E-Mail) anzugeben. Je eher man sich meldet, desto größer sind die Chancen auf einen Platz im Sitzungssaal. Anfragen zu Besuchen nimmt der Besucherdienst entgegen.

> **Bundesverfassungericht,**
> Schlossbezirk 3, Tel. 0721 91010,
> www.bundesverfassungsgericht.de

❺ Staatliche Kunsthalle ★★★ [E2]

Die Staatliche Kunsthalle gehört zu den bedeutendsten Museen Deutschlands und ist für Kunstfreunde immer einen Besuch wert. Ihre Präsentation besteht vor allem aus den über Jahrhunderte gewachsenen Sammlungen der 1771 vereinten Herrscherhäuser Baden-Durlach und Baden-Baden, die 1930 endgültig in Staatsbesitz übergingen. Zu ihren Prachtstücken gehören Gemälde deutscher, niederländischer und französischer Maler – Kunst vom Mittelalter bis ins 18. Jahrhundert. Dazu kommen Malereien des 19. Jahrhunderts, die Klassische Moderne aus der ersten Hälfte des 20. Jahrhunderts und die Kunst der Gegenwart, die mit allen Medien spielt. Insgesamt nennt das Museum

017kr-gs

3455 Gemälde und Skulpturen sein Eigen, dazu rund 100.000 Werke auf Papier.

Als Gründer der Staatlichen Kunsthalle gilt **Großherzog Leopold,** der 1846 auch gleich die Öffnungszeiten verfügte: „wöchentlich drey Mal, und zwar am Montag, Mittwoch und Freitag jedes Mal Vormittags von 10–1 Uhr". Seine großherzogliche Gemäldegalerie war ein der italienischen Renaissance angepasster Musentempel, in dem „Auge, Gefühl und Gedanke Hand in Hand gehen" sollten. Dazu sollten auch die großen **Wandbilder** des romantischen Malers Moritz von Schwind (1804–1871) im Treppenhaus beitragen, allen voran das gewaltige Fresko „Die Einweihung des Freiburger Münsters", eine gigantische Momentaufnahme badischer Geschichte. Allegorische Reliefs der Künste schmücken das prachtvolle **Portal.**

Ein halbes Jahrhundert später wurde der Musentempel durch einen Flügel im Osten erweitert. 1908 brachte man in einem Anbau im Norden die Sammlung von Bildern des Malers **Hans Thoma** unter, der von 1899 bis 1920 Direktor der Kunsthalle war und den Ausbau der Sammlung wesentlich vorantrieb. 1990 erweiterte man den Museumskomplex um einen weiteren Flügel.

Zur Kunsthalle gehört auch die ursprünglich für den Botanischen Garten gebaute **Orangerie,** in der die moderne deutsche und französische Kunst Platz gefunden hat – von Paul Cézanne bis Gerhard Richter. Zwischen der Orangerie und dem Haupt-gebäude der Kunsthalle steht die ehemalige Villa des Gartendirektors, die seit 2009 die **Junge Kunsthalle** beherbergt und in erster Linie Ausstellungen für Kinder und Jugendliche präsentiert.

Die **Dauerausstellung** im Hauptgebäude zeigt rund 800 Gemälde und Skulpturen. Zu ihren schönsten und ältesten gehören unter anderem „Christus als Schmerzensmann" (1492/1493), ein Andachtsbild von Albrecht Dürer, die Altarbilder „Kreuztragung" (1523/1524) und „Kreuzigung Christi" (1523/1524) von Matthias Grünewald, „Maria mit dem Kinde" (um 1518) von Lucas Cranach dem Älteren, und die „Geburt Christi" (1539) von Hans Baldung Grien. Prunkstücke niederländischer Malerei sind „Veronica Spinola Doria" (1606/1607) von Peter Paul Rubens oder „Moses schlägt Wasser aus dem Felsen" (um 1618) von Jacob Jordaens sowie zahlreiche Stillleben. Unter den französischen Gemälden

◁ *Viele Hundert Gemälde werden in der Dauerausstellung im Haupthaus der Staatlichen Kunsthalle präsentiert*

△ *Mit „Salve" grüßt diese Dame Besucher an den Eingangstoren der Staatlichen Kunsthalle*

fallen „Die Anbetung des Goldenen Kalbes" (1653) von Claude Lorrain, die „Beweinung Christi" (1857) von Eugene Delacroix und Landschaftsbilder von Edouard Manet, Camille Pissarro und Paul Gauguin ins Auge. Nicht übersehen sollte man auch die Malereien und Skulpturen deutscher Künstler des 19. Jahrhunderts wie Caspar David Friedrich, Adolph Menzel, Carl Spitzweg, Anselm Feuerbach oder Max Liebermann. Für die Klassische Moderne stehen Namen wie Wassily Kandinsky, Franz Marc, Ernst Ludwig Kirchner, Max Ernst, Otto Dix, Max Beckman oder Lyonel Feininger.

Mit mehr als 90.000 Werken besitzt das Karlsruher **Kupferstichkabinett** zudem einen einmaligen Bestand an Druckgrafiken vom 15. Jahrhundert bis zur Gegenwart. Alle drei Monate stellt die Kunsthalle im von Moritz von Schwind ausgemalten Vorlegesaal „Das besondere Blatt" aus: ein ausgewähltes und fachlich bestens interpretiertes Werk aus dem Kupferstichkabinett. Wer will, kann sich übrigens schon im Internet auf seinen Museumsbesuch vorbereiten. Ein Großteil der Sammlung nämlich ist seit einigen Jahren auch online einzusehen.

› **Staatliche Kunsthalle Karlsruhe,** Hans-Thoma-Straße 2–6, Tel. 0721 9262696, www.kunsthalle-karlsruhe. de, Di.–So. 10–18 Uhr, 8 €, Familienkarte 16 €, öffentliche Führungen sind Di. um 19 und So. um 11 Uhr. Außerdem stehen Führungen zu wechselnden Themen und Sonderausstellungen auf dem Programm. Einen „Kunstimbiss" gibt es jeden Mittwoch um 13 Uhr. Er soll Berufstätige ermuntern, während ihrer Mittagspause eine dreißigminütige Führung zu besuchen, danach ist noch Zeit für einen Imbiss. Zu Speis und Trank lädt das Museumsbistro Caffè Greco.

Innenstadt

Gleich vorweg sei gesagt, dass Karlsruhes Herz, die Gegend rund um den Marktplatz, zur Zeit einer riesigen Baustelle gleicht. Der Nahverkehr, Auto und Tram, werden unter die Erde verbannt. Sieben neue unterirdische Trambahn-Haltestellen sollen so entstehen, die oben noch mehr Platz zum Flanieren schaffen. Noch mindestens zwei Jahre werden Besucher so mit Schmutz und Lärm auskommen müssen, mit Absperrungen, Zäunen und Gittern, die den Blick auf manche Sehenswürdigkeit verstellen. Spätestens mit Beginn des nächsten Jahrzehnts aber will sich Karlsruhes Innenstadt als eine der schönsten im deutschen Südwesten zeigen. Als eine Perle urbanen Lebens, in dem Einkaufsbummler ungestört shoppen können.

Karlsruhes Innenstadt bietet rund 17.000 Menschen Heimat und noch viel mehr einen Arbeitsplatz. Im Westen begrenzt die Reinhold-Frank-Straße die City, im Süden die Kriegsstraße, im Osten die Kapellenstraße. In ihrer Mitte findet sich die **Karl-Friedrich-Straße**, die nach römischem Vorbild gern „Via Triumphalis" genannte Nord-Süd-Achse der Stadt. Sie führt vom Schlossplatz über den **Platz der Grundrechte** (s. S. 76), die geschäftige **Kaiserstraße** ❻ und den **Marktplatz** ❼ zum **Rondellplatz** ❾ mit der Anfang des 19. Jahrhunderts dort aufgestellten Verfassungssäule aus rotem Sandstein. Dort findet sich mit dem **Einkaufszentrum Ettlinger Tor** (s. S. 87) auch eines der größten Shoppingzentren im deutschen Südwesten.

Obwohl Karlsruhe im Zweiten Weltkrieg stark zerstört wurde, tragen viele Innenstadtbauten – vom

Rathaus ❼ über die Evangelische Stadtkirche bis zum Markgräflichen Palais ❾ – noch immer den Stempel des Stadtplaners **Friedrich Weinbrenner** (s. S. 28), der Anfang des 19. Jahrhunderts Karlsruhes Stadtbild entscheidend prägte. Für kulturellen Glanz in der City sorgen **renommierte Museen** wie das Staatliche Museum für Naturkunde ❿ am Friedrichsplatz, das Stadtmuseum im Prinz-Max-Palais ⓯ und **große Bibliotheken** wie die Badische Landesbibliothek ⓫ oder die Stadtbibliothek im Neuen Ständehaus ⓭. Auch die beiden ältesten **Kirchen** der Stadt, die Kleine Kirche ❽ und die Pfarrkirche Sankt Stephan ⓬, finden sich im Zentrum. Und nicht zuletzt hat auch der schwer gesicherte **Bundesgerichtshof** ⓮ in der Stadtmitte sein Zuhause. Gleich um die Ecke des Bundesgerichtshofs übrigens liegt der Lameyplatz, von dem man in **Karlsruhes Unterwelt** absteigen kann (s. S. 36).

❻ **Kaiserstraße** ★★ **[F2]**

Die Kaiserstraße gilt als **eine der Hauptschlagadern Karlsruhes**. Sie erstreckt sich vom Durlacher Tor im Osten bis zum Mühlburger Tor im Westen und ist die **wichtigste Einkaufsachse** der Stadt und Badens längste Einkaufsmeile.

Anfangs hieß die Kaiserstraße noch „Lange Straße". Erst 1879, aus Anlass der Goldenen Hochzeit von Kaiserin Augusta und Kaiser Wilhelm I., der sich öfter in Karlsruhe aufhielt, wurde die schon damals als Einkaufsmeile populäre Straße auf Wunsch vieler Bürger umbenannt. Knapp zwei Jahrzehnte später stellte man am westlichen Eingang zur Kaiserstraße ein **Reiterstandbild Kaiser Wilhelm I.**

auf. Es zeigt den Herrscher nicht als Kaiser, sondern als preußischen General in Uniform: ein bronzener Ritter dekoriert mit Kriegsorden, der in die Stadt einreitet.

Shoppingfans sind in der Kaiserstraße an der richtigen Adresse, auch wenn sie in letzter Zeit an Reputation verloren hat und sich auch immer mehr Billigläden, Nagelstudios oder Spielhallen breitmachen, dazu Cafés und Restaurants, Bistros und Fastfoodketten. **Publikumsmagneten** sind die großen Kaufhäuser wie Karstadt, Peek & Cloppenburg, C&A, H&M oder Breuninger mit meist mehrgeschossigen Bauten, zwischen denen manches inhabergeführte Traditionsgeschäft ums Überleben kämpft. Mit der **Postgalerie** (s. S. 87) findet sich auf der Kaiserstraße zudem ein riesiges Einkaufszentrum, dessen Tiefgarage sich unter dem rückseitigen **Stephanplatz** befindet. Seinen Namen hat der Platz nicht vom gleichnamigen Heiligen, sondern vom ehemaligen Generalpostdirektor des Deutschen Reiches, Heinrich von Stephan (1831–1897).

◿ *Kunst auf der Kaiserstraße*

Friedrich Weinbrenner – der Mann, der Karlsruhes Stadtbild prägte

Kein anderer hat Karlsruhe so seinen Stempel aufgedrückt wie der Architekt Friedrich Weinbrenner (1766-1826), neben dem preußischen Baumeister Karl Friedrich Schinkel der wichtigste Vertreter der klassizistischen Architektur in Deutschland. Seine Bauten gehören bis heute zu den wichtigsten Sehenswürdigkeiten der Stadt. Auch wenn ein Großteil seiner Werke im Zweiten Weltkrieg zerstört oder im Zuge von Neubaumaßnahmen schon im 19. Jh. abgerissen wurde: Wer Sinn für architektonische Strukturen hat, spürt Weinbrenners Geist in Karlsruhe noch immer.

Nach Lehrjahren in der väterlichen Zimmerei arbeitete Weinbrenner zunächst als Bauleiter in der Schweiz, ehe er in Wien, Dresden und Berlin Architektur studierte. Mit Preußens großen Architekten wie Carl Gotthard Langhans, dem Gestalter des Bran

denburger Tors, tauschte er viele Ideen aus. Nach einem Fußmarsch über die Alpen betrieb er in Italien archäologische Studien, die seine Sinne für die Klassik weiter schärften. In Federzeichnungen hielt er seine Eindrücke fest. Akribisch zeichnete er Säulen und Ornamente, die er in seine Heimatstadt Karlsruhe schickte und die dort die Neugier des Landesherrn weckten. So lenkte Weinbrenner schließlich ab 1797 als Bauinspektor, ab 1801 dann als Baudirektor und später als Oberbaudirektor das staatliche Bauwesen in seiner Geburtsstadt. In seiner staatlich geförderten privaten Architekturschule, einem der Vorläufer der heutigen Universität, prägte er eine ganze Generation junger Architekten.

Nicht das Filigrane seiner Bauten war es, das ihn auszeichnete, sondern der „monumental neu gestaltete Raum", heißt es in der Fachwelt. Die einfache Schlichtheit seiner Entwürfe, allesamt bodenständig und pragmatisch, passten damals in die Zeit - und zu seiner Person, die für intellektuelle Kapriolen wenig übrig hatte. So blieb er bis zu seinem Tod anno 1826 mehr Handwerker als Künstler, kein Mann großer Rede, sondern ein akribischer Schaffer, der mit seinem „Architektonischen Lehrbuch" eines der ersten großen deutschen Architekturbücher schuf. Als sein Karlsruher Meisterstück gilt die Gestaltung des Marktplatzes mit der Evangelischen Stadtkirche (1807-1815) und dem Rathaus (1821-1825). Damit setzte er dem Palast des Landesherrn, dem Schloss, erstmals ein bürgerliches Zentrum gegenüber.

Für große Diskussionen sorgte einst der Brunnen auf dem Platz. Er zeigt eine nackte Nymphe mit zwei Krügen und um sie herum stadtbekannte Persönlichkeiten – allesamt Männer. Viele Tausend badische Frauen forderten deshalb nach der Einweihung des Brunnendenkmals 1905 in einer Petition statt der Nackten eine Trachtenträgerin und beklagten die „cynische Zusammenstellung der Männerporträts mit der unbekleideten Frauengestalt".

❼ Marktplatz mit Rathaus und Evangelischer Stadtkirche ★★★ [F3]

Der Marktplatz ist das Herz Karlsruhes. Mit der Pyramide, dem Marktbrunnen, dem Rathaus und der Evangelischen Stadtkirche finden sich hier einige der wichtigsten Sehenswürdigkeiten der Stadt. Bis Ende 2018 ist der Platz allerdings auch Großbaustelle, denn tief unter der Erde wird an der U-Bahn gebaut, die am Marktplatz einmal einen ihrer zentralen Haltepunkte haben wird.

Der Marktplatz gilt als **Kern der sogenannten „Via Triumphalis"**, einer von Friedrich Weinbrenner zu Ehren des damaligen Landesherren konzipierten Prachtstraße, die vom Ettlinger Torplatz über den Rondellplatz bis zum Schloss reichte. Ein monumental gestalteter Raum, für den Weinbrenner Anfang des 19. Jahrhunderts die dort 1721 für den Stadtgründer Karl III. Wilhelm erbaute Konkordienkirche abreißen ließ. In dem Gotteshaus hatte der Markgraf 1738 seine letzte Ruhe gefunden. Da man

das Grab damals aber nicht verlegen wollte, ließ Weinbrenner darüber eine hölzerne Pyramide errichten. Später entstand an gleicher Stelle die jetzige **Steinpyramide**, ein meterhoher Sandsteinbau. Unter ihr befindet sich das allerdings öffentlich nicht zugängliche Grabmal des Stadtgründers. Auch wenn es inzwischen der Stadt gehört, darf es nur mit Zustimmung des Hauses Baden geöffnet und betreten werden.

Das Stadtbild prägen noch weitere Bauten am Marktplatz: das Rathaus und die Evangelische Stadtkirche – beide ebenfalls Zeugen der Baukunst Friedrich Weinbrenners. Mit drei Innenhöfen und einem stumpfen Turm entstand als erstes an der Westseite des Platzes das **Rathaus**. Bereits 1728 hatte hier ein erstes Rathaus gestanden, das sich allerdings schnell als zu klein erwies. Ab 1805 schuf man deshalb einen Neubau, was sich aus Geldmangel bis 1825 hinzog. Ein weiterer Grund für den schleppenden Bauverlauf war der Streit um den mehr als 50 Meter hohen **Rathausturm**. Der Stadtrat woll-

0 21 kr·gs

▷ *Der goldene Engel auf dem Turm der Evangelischen Stadtkirche*

te ihn auf keinen Fall, Architekt Weinbrenner, der ihn schließlich auch bekam, aber unbedingt.

1855 wurde das Rathaus erstmals umgebaut, weil es nicht mehr dem Zeitgeist entsprach. Um 1900 erfolgten weitere Modernisierungen. Im Zweiten Weltkrieg fast völlig zerstört – nur der Turm blieb unversehrt – baute man es nach dem Krieg neu auf: außen im Stil Weinbrenners mit eindrucksvoller Säulenloggia, innen aber ganz modern. Auf dem Rathausturm thront auf einer großen Kugel Merkur, der Gott des Handels.

Dem Rathaus gegenüber, an der Ostseite des Marktplatzes, steht die **Evangelische Stadtkirche** mit mächtigen korinthischen Säulen. Die badische Kathedralkirche sollte das Gegenstück zum Rathaus werden, sich in den Proportionen aber ergänzen, weshalb Weinbrenner auf dem hohen Rathausturm gegenüber bestand. Am Pfingstsonntag 1816 wurde das an einen griechischen Tempel erinnernde Gotteshaus eingeweiht. Zum Blickfang geriet der mehr als 60 Meter hohe Turm, auf dem – als Gegenstück zum Handelsgott Merkur auf dem Rathaus – ein goldener Engel mit einem Palmzweig thront.

Wie das Rathaus musste auch die durch Fliegerangriffe 1944 zerstörte Stadtkirche, die heute mehr als 1300 Plätze bietet, nach dem Krieg neu aufgebaut werden. Während man ihr Äußeres dem Stil des frühen 19. Jahrhunderts anpasste, wurde ihr **Inneres** komplett neu gestaltet. Altar und Kanzel sind wie der Boden aus schwarzem Marmor. Taufbecken und Altarkreuz stammen von dem Bildhauer Otto Herbert Hajek, die Fenster zum Teil von Georg Meistermann – zwei bekannten Künstlern, die einst Professuren an der Kunstakademie

Karlsruhe innehatten. Heute versteht sich das Gotteshaus als „Kirche in der Stadt" und „Kirche für die Stadt". 1959 hat der Architekt und Stadtplaner Friedrich Weinbrenner, der bis dahin auf dem Städtischen Friedhof begraben war, in der Vorhalle der Stadtkirche seine letzte Ruhe gefunden.

Zwischen Rathaus und Stadtkirche steht der ebenfalls von Weinbrenner entworfene **Marktbrunnen**, heute meist **Großherzog-Ludwig-Denkmal** genannt. Ihn prägt das Sandstein-Standbild des Großherzogs in Mantel und Generalsuniform. Das achteckige Brunnenbecken schmücken Reliefs mit dem badischen Wappen, Meereswesen und Greifen. Darüber finden sich vier löwenköpfige Wasserspeier. Mit dem Brunnen nahm Anfang des 19. Jahrhunderts die öffentliche Wasserversorgung der Stadt ihren Anfang. Zurzeit ist das Denkmal wegen der Bauarbeiten auf dem Marktplatz ausgelagert, es soll 2018 aber an seinen angestammten Platz zurückkehren.

❭ **Rathaus am Marktplatz,**
 Karl-Friedrich-Str. 10, Tel. 0721 1330,
 www.karlsruhe.de

❭ **Evangelische Stadtkirche,**
 Karl-Friedrich-Str. 11, Tel. 0721 28342,
 www.stadtkirche-karlsruhe.de

❽ Die Kleine Kirche ★ [F2]

Kleine Kirche nennt sich Karlsruhes älteste evangelische Kirche nur wenige Schritte vom Marktplatz entfernt. Sie wurde zwischen 1763 und 1776 von einem markgräflichen Baumeister als Kirche der Reformierten erbaut. Das aus rotem Sandstein im **Louis-seize-Stil** erbaute Gotteshaus lebt noch heute von seiner Schlichtheit – auch innen, wo jeder Prunk und Protz fehlt. Als Hort der Ruhe lädt

Kaspar Hauser – ein badischer Kronprinz?

Stefan George, Georg Trakl, Reiner Maria Rilke, Hans Arp, Walter Benjamin und Peter Handke haben über ihn geschrieben, Werner Herzog verfilmte sein Leben und Suzanne Vega und Reinhard Mey widmeten ihm Lieder. Nur wenige haben die Kunstwelt so fasziniert wie Kaspar Hauser. „Rätsel seiner Zeit" nennt ihn die Inschrift auf seinem Grabstein im fränkischen Ansbach noch heute.

Was aber hat der 16-jährige Bursche, der zu Pfingsten 1828 verwahrlost und verwirrt in Nürnberg aufgetaucht war, mit Karlsruhe und Baden zu schaffen? Ganz einfach: Manche halten Kaspar Hauser noch immer für einen badischen Erbprinzen. Dies jedenfalls ist der Kern der sogenannten Erbprinzentheorie, die sich allerdings nicht belegen lässt. So wird vermutet, Luise Karoline von Hochberg (1768-1820), die in zweiter Ehe mit Großherzog Karl Friedrich (von 1806 bis 1811) verheiratet war, habe den erstgeborenen Sohn von Großherzog Karl (1786-1818) und Großherzogin Stéphanie Beauharnais (1789-1860) nach dessen Geburt durch ein totes Kind ersetzt, um ihren eigenen Söhnen so die Thronfolge zu sichern. Historisch gesichert ist nur, dass der erstgeborene Sohn nur 17 Tage alt wurde,

der zweite mögliche Thronfolger nur ein Jahr. Damals jedenfalls keimte die Theorie, Schergen der Gräfin von Hochberg hätten den erstgeborenen Knaben entführt, als Kaspar Hauser versteckt und an seiner Stelle ein todkrankes Kind in die Wiege gelegt. Warum aber, fragt man sich heute, wurde der kleine Erbprinz nicht schon in der Wiege ermordet? Dafür, glauben einige Kaspar-Hauser-Forscher, hätte den Verschwörern der Mut gefehlt.

Neue Dynamik gewann der Fall Kaspar Hauser mit seinem Tod im Dezember 1833 nach einer Stichverletzung. Auch wenn Bayerns König Ludwig I. eine hohe Belohnung auf die Ergreifung des Täters ausgesetzt hatte, fragten sich die obduzierenden Mediziner damals, ob Hauser ermordet worden war oder ob er sich selbst verletzt hatte, um der schwindenden Aufmerksamkeit für seine Person neue Nahrung zu geben. Der Fall Kaspar Hauser jedenfalls belebt bis heute die Fantasie. Wissenschaftliche Vergleiche mutmaßlicher Erbgutreste mit Genen von Nachkommen der Großherzogin Stéphanie, so heißt es, hätten jedenfalls letzte Zweifel an einer eindeutigen Verwandtschaft nicht ganz ausräumen können. Kaspar Hauser wird so weiter ein „Rätsel seiner Zeit" bleiben.

---

es mitten in der Stadt zu Andacht und Besinnung.

Der aus dem Jahr 1905 stammende **Brunnen** vor der Kirche zeigt einen knienden Jüngling, der Wasser schöpft, den Quell allen Lebens. Hinter der Kirche macht die **Statue eines Karlsruher Marktweibs** aus dem Jahr 1928 jedem klar, dass hier einmal

Markt abgehalten wurde. Zehn Jahre nach Ende der Monarchie wurde damals erstmals in Karlsruhe dem einfachen Bürger ein Denkmal gesetzt.

❯ **Kleine Kirche,** Kaiserstraße 131, http://stadtkirche-karlsruhe.eki-musterhausen.de/html/kleine_kirche716.html, Öffnungszeiten: Mo. 13-15, Di. 11-14, Mi. 15-17, Do. 13-17, Sa. 12-14 Uhr

❾ Rondellplatz mit Markgräflichem Palais ★ [F3]

Der Rondellplatz wurde nach dem Krieg völlig neu angelegt. An seinen Ursprung erinnern heute nur noch das Markgräfliche Palais und die nach Entwürfen Friedrich Weinbrenners entworfene **Verfassungssäule**, der Sandsteinobelisk im Zentrum. Er ist knapp 8 Meter hoch und wird von zwei Richtung Schloss schauenden Greifen gesäumt. Die Säule soll seit 1833 an die erste badische Verfassung erinnern.

Das **Markgräfliche Palais** im Südosten des Rondellplatzes ist trotz seines monumentalen Säulenportals nur noch ein Abklatsch des einstigen, ebenfalls von Weinbrenner erbauten Palastes, der mit seinen Decken- und Wandmalereien einmal zu den schönsten Bauten Karlsruhes zählte. Den ursprünglich 160 Meter langen Palast ließ Markgraf Karl Friedrich Anfang des 19. Jahrhunderts für seine zweite Gemahlin und seine „illegitimen" Söhne bauen, weil diese Ehe als nicht standesgemäß galt und die höfische Etikette Frau und Kindern das Wohnrecht im Schloss verweigerte. Heute ist in dem Bau ein für die Öffentlichkeit nicht zugängliches Geldinstitut untergebracht, das in den nächsten Jahren allerdings der städtischen Verwaltung Platz machen soll. Einen gewissen Mythos verleiht dem Palast die Geschichte um **Kaspar Hauser** (siehe Exkurs S. 31).

❿ Staatliches Museum für Naturkunde Karlsruhe ★★★ [E3]

Nur ein paar Schritte vom Rondellplatz entfernt liegt der **Friedrichsplatz**, eine Parkanlage, unter der sich heute eine große Tiefgarage befindet. Auf seiner Südseite ist eine der größten naturkundlichen Sammlungen Deutschlands zu Hause: das Staatliche Museum für Naturkunde. Auf über 4000 m² Fläche geben **Dauerausstellungen** auf zwei Geschossen einmalige Einblicke in die Tier- und Pflanzenwelt von gestern und heute, aber auch in die Erdgeschichte, wie das **Modell eines Flugsauriers** mit über 10 Metern Spannweite eindrucksvoll unterstreicht.

022kr-SMNK

Schon Mitte des 19. Jahrhunderts gab es ernsthafte Überlegungen, die von den Markgrafen und späteren Großherzögen von Baden im Laufe der Jahrhunderte gesammelten Münzen, Waffen, Mineralien, Naturalien und Bücher aus dem Karlsruher Schloss auszulagern. So reifte der Plan, im Stil der italienischen Renaissance ein neues Gebäude für diese Sammlung anzulegen. Es war die Geburtsstunde des heutigen Museums, das nach dem Zweiten Weltkrieg wie viele zerstörte Bauten am Friedrichsplatz neu aufgebaut wurde.

Noch immer sehenswert sind die Ende der 1960er-Jahre entstandenen **Dioramen**. Die kleinen Schaukästen zeigen Tiere in ihren natürlichen Lebensräumen, u. a. eine Wildschweinfamilie, ein Wolfsrudel, Füchse, Elche und Löwen. Zu den besonderen Attraktionen zählen die **lebenden Tiere** in Aquarien und Terrarien wie Pfeilgiftfrosch und Klapperschlange. In der neuen Dauerausstellung „Form und Funktion – Vorbild Natur" sieht man ein riesiges Riffaquarium mit lebenden Korallen und Haien, Süßwasserkrokodilen und anderen Wassertieren.

Auch die **Geologie** wird in Karlsruhe zum greifbaren Erlebnis. So zeigt ein Großmodell eines Gletschertores, wie Wasser, Wind und Eis die Landschaft ständig verändern. Ein begehbarer Vulkan bringt dem Besucher die Vorgänge im Inneren der Erde näher und eine Videoanimation zeigt, wie sich die Welt über Millionen Jahre immer wieder neu gestaltet hat. Zahllose Fossilien belegen zudem, dass sich viele Tierarten seit über 50 Millionen Jahren nicht mehr grundlegend weiterentwickelt haben.

› **Staatliches Museum für Naturkunde Karlsruhe**, Erbprinzenstr. 13, Tel. 0721 1752111, www.smnk.de, Di.–Fr. 9.30–17, Sa./So. 10–18 Uhr, Eintritt: 5 €, Kinder bis 14 Jahre 2 €, Familienkarte 10 €, Zusatzkosten bei Sonderausstellungen. Regelmäßige Führungen, vor allem So. um 11 Uhr. Das Museum ist barrierefrei zugänglich. Fotografieren ohne Blitz für private Zwecke ist erlaubt. Mineralien, Fossilien, Schmuck, Postkarten, Sachbücher und andere Publikationen gibt es im Museumsshop, die kleine Cafeteria mit Blick auf den Friedrichsplatz lädt zur Pause.

⑪ Badische Landesbibliothek ★ [E3]

Neben dem Naturkundemuseum am Friedrichsplatz befindet sich die Badische Landesbibliothek. Als zentrale Institution für Bildung und Wissenschaft in Baden-Württemberg ist sie Heimstatt von **mehr als zweieinhalb Millionen Medieneinheiten.** Daneben bietet sie ein umfassendes Spektrum von Datenbanken und Netzpublikationen.

Den von einer großen Kuppel überspannten **Lesesaal** vergleichen manche Besucher mit dem der Kongressbibliothek in Washington oder der British Library in London. Das ist übertrieben, dafür reichen die Wurzeln der Landesbibliothek aber viele Jahrhunderte zurück, genaugenommen auf die Büchersammlungen der Markgrafen von Baden, vor allem auf die Durlacher Hofbibliothek, die ab 1765 im Karlsruher Schloss untergebracht war. 1918 schließlich wurde

◁ *Im Naturkundemuseum ist auch viel Platz für lebende Tiere wie diese Krokodile* aus der Großherzoglichen Hof- und Landesbibliothek die Badische Landesbibliothek. Zu ihrem Grundstock gehören übrigens auch die 1803 durch die Säkularisation an Baden gefallenen Kostbarkeiten aus 27 Klöstern wie Reichenau, St. Peter, St. Georgen oder St. Blasien.

Im Zweiten Weltkrieg wurde der Bibliotheksbestand von vielen Hunderttausend Druckschriften durch Bomben vernichtet, nur die vorher ausgelagerten Handschriften, Inkunabeln und verschiedene Drucke kamen unversehrt durch den Krieg. Zu den größten **Kostbarkeiten** der Bibliothek gehören heute das in Edelsteine gehüllte Speyerer Evangelistar aus dem späten 12. Jahrhundert, das golden prunkende Breviculum des Raimundus Lullus aus dem frühen 14. Jahrhundert und Bücher aus der Bibliothek des Humanisten Johann Reuchlin aus dem Jahr 1522. In letzter Zeit hat die Landesbibliothek auch die deutschsprachigen mittelalterlichen Handschriften und die Musikaliensammlung aus dem Hau-

se Fürstenberg in Donaueschingen in Verwahrung genommen, darunter als Depositum die Handschrift C des Nibelungenliedes. Sie ist die älteste Handschrift des Heldenepos und gehört zum UNESCO-Weltdokumentenerbe. Viele der Kostbarkeiten sind inzwischen **digitalisiert** und stehen interessierten Nutzern auch online zur Verfügung. Zum Bibliotheksbestand gehören zudem umfangreiche Handschriftensammlungen aus neuerer Zeit, darunter solche der Schriftsteller Johann Peter Hebel (1760–1826), Joseph Victor von Scheffel (1826–1886) und Reinhold Schneider (1903–1958) sowie des Malers Hans Thoma (1839–1924).

› **Badische Landesbibliothek,** Erbprinzenstraße 15, Tel. 0721 1752222, www.blb-karlsruhe.de, Mo.–Fr. 9–19 Uhr, Sa. 10–18 Uhr, Lesesaal-Sammlungen: Mo.–Mi. und Fr. 9.30–16, Do. 9.30–18 Uhr. Die Bibliothek verfügt über eine eigene Cafeteria, die öffentlich zugänglich ist. Auch zum Umschauen in den Beständen braucht man keinen Benutzerausweis, nur zur Ausleihe.

023krgs

⑫ Pfarrkirche Sankt Stephan ★★ [E3]

Gegenüber der Landesbibliothek steht die dem heiligen Stephanus geweihte Stephanskirche, **Karlsruhes ältestes katholisches Gotteshaus.** Auch sie trägt die Handschrift des Städteplaners Friedrich Weinbrenner, der sie im Auftrag des Großherzogs in den Jahren 1808 bis 1814 bauen ließ. Errichtet wurde die Kirche nach dem Vorbild des römischen Pantheon, das Weinbrenner auf einer Italienreise kennengelernt hatte. Um dem römischen Original möglichst nahe zu sein, wehrte sich Weinbrenner anfangs heftig gegen den vom Großherzog gewünschten zusätzlichen Bau eines Kirchturms.

Heute erhebt sich der markante, das Stadtbild prägende **Kuppelbau,** der nach dem Krieg aus Beton neu erstellt wurde, über dem Grundriss eines griechischen Kreuzes. Sehenswert sind ein **Relief** mit der Darstellung der göttlichen Dreifaltigkeit aus der frühen Neuzeit und ein **Gobelin-Triptychon** mit dem Martyrium des heiligen Stephanus. Bei der Innenrenovierung vor wenigen Jahren wurden **Altar** und **Ambo** ins Kirchenzentrum verlegt und die Bänke kreisförmig rundherum angeordnet. Die **Kirchenglocke** gehört zu den größten Baden-Württembergs.

> **Pfarrkirche St. Stephan,** Erbprinzenstr. 14, Tel. 0721 912740, www.st-stephan-ka.de

⓭ **Stadtbibliothek und Erinnerungsstätte Ständehaus** ★ [E2]

Nahe der Kirche St. Stephan findet sich die Stadtbibliothek, die an der Stelle des im Zweiten Weltkrieg schwer zerstörten Karlsruher Ständehauses Platz gefunden hat. Das **Ständehaus** war einer der ersten Parlamentsneubauten Deutschlands. Der wie sein kirchliches Gegenüber ebenfalls von Friedrich Weinbrenner entworfene Bau beherbergte von 1822 bis 1918 die Badische Ständeversammlung. Sie war das einst in zwei Kammern aufgeteilte Parlament des Großherzogtums Baden.

1993 schuf die Stadt auf dem Gelände des alten Ständehauses das „Neue Ständehaus", in dem die **Stadtbibliothek** und die **Erinnerungsstätte Ständehaus** unterkamen. Beim Neubau griffen die Architekten auf die Rotunde mit Kegeldach des

KLEINE PAUSE

Kostenlos Zeitung lesen

Im Erdgeschoss der Stadtbibliothek ⓭ findet sich ein Lesecafé, in dem Zeitungen und Zeitschriften ausliegen. Wer will, kann hier bei einer Tasse Kaffee oder Tee aus dem Automaten ungestört lesen oder einfach ein bisschen im Gedruckten stöbern. Eine Oase abseits aller Hektik!

historischen Vorgängerbaus zurück.

In der Erinnerungsstätte in den unteren Räumen wird an die badische Verfassungsgeschichte erinnert, die als eine der liberalsten Deutschlands galt. Unter anderem garantierte sie Gleichheit vor dem Gesetz, Schutz des Eigentums, Schutz der persönlichen Freiheit, Pressefreiheit, Glaubensfreiheit und ein Wahlrecht zunächst nur für Männer, im 20. Jahrhundert aber dann auch für Frauen.

Im sogenannten **Ständehaussaal** mit seinen 200 Plätzen ist Raum für Ausstellungen, Lesungen, Vorträge und Bücherflohmärkte.

> **Stadtbibliothek Karlsruhe,** Ständehausstr. 2, Tel. 0721 1334250, www.karlsruhe.de/b2/bibliotheken, Öffnungszeiten: Di.–Fr. 10–18.30, Sa. 10–14 Uhr
> **Erinnerungsstätte Ständehaus,** Tel. 0721 1334221, www.karlsruhe.de/b1/stadtgeschichte/staendehaus, Di.–Fr. 10–18.30, Sa. 10–14 Uhr, Eintritt frei

◁ *Bollwerk des Glaubens: Sankt Stephan, Karlsruhes älteste katholische Kirche*

⑭ Bundesgerichtshof ★ [E3]

Ganz im Südwesten der Innenstadt ist der **BGH** in mehreren Gebäuden auf einem parkähnlichen, knapp 4 ha großen Gelände zu Hause. Er ist das oberste Gericht der Bundesrepublik im Bereich der sogenannten ordentlichen Gerichtsbarkeit, also des **Zivil- und Strafrechts**. Seine wichtigste Aufgabe besteht darin, die Rechtseinheit in den Bundesländern zu sichern, grundsätzliche Rechtsfragen zu klären und das Recht fortzubilden. Seit 1950 überprüft der BGH Entscheidungen der Instanzgerichte – Amtsgerichte, Land- und Oberlandesgerichte – grundsätzlich nur auf Rechtsfehler.

Das BGH-Gelände ist bewacht und von Sicherheitszäunen umsäumt. Zentrum ist das **Erbgroßherzogliche Palais**, das dem Bundesgerichtshof 1950 zur Nutzung überlassen wurde. Es beherbergt die Diensträume der Präsidentin/des Präsidenten, die Verwaltung und Dienstzimmer sowie Sitzungssäle für fünf Zivilsenate. Ende der 1950er-Jahre machte die Zunahme der Bediensteten durch die Einrichtung weiterer Senate den Bau des sogenannten **Westgebäudes** mit weiteren Büroräumen notwendig. Es ist durch eine verglaste Brücke mit einem Erweiterungstrakt verbunden. Sein Kern ist der **Saalbau**, ein fensterloser, abhörsicherer Sitzungssaal

Karlsruhes Unterwelt – der Landgraben

Denkmalschutz gibt es in Karlsruhe auch unter der Erde. Dazu gehört der unter der Stadt hindurchführende Landgraben: ein unterirdisches Entwässerungssystem, das einmal als eines der modernsten Europas galt. Der Landgraben entstand Ende des 16. Jahrhunderts als offener Graben, um die Niederungen zwischen Durlach und Ettlingen besser zu entwässern und die häufigen Hochwasser abzuleiten. Im 18. Jahrhundert wurde er zum schiffbaren Transportweg, der sich nach der Gründung Karlsruhes aber langsam zu einem übel riechenden Abwasserkanal entwickelte. Ab 1794 durften die Bürger nämlich alle Abwässer mit Ausnahme von Fäkalien in den Landgraben einleiten.

„Noch rann, trägflüssig und trübflutig, der übelduftende Landgraben unüberwölbt und überall sichtbar durch die Stadt. Sah man von der Straße hinab auf das schwärzliche unheimliche Gewässer, darauf zerfetzte Zeitungen, abgebrochene Besenstiele, tote Katzen und ähnlich stolze Geschwader dem Rhein zu gen Niederland treiben, mochte man beinahe wähnen, in das Tal des Styx hinunterzustarren […]", beschrieb ein Karlsruher Schriftsteller 1866 die Situation. Zwar hatte man schon Anfang des 19. Jahrhunderts erste Teile des Landgrabens überwölbt, aber erst mit dem Abschluss seiner Kanalisation war Karlsruhe um das bis heute längste Bauwerk reicher.

Interessierte Besucher können gern einen Blick in Karlsruhes Unterwelten werfen. In einem Besucherraum am Lameyplatz (Rheinstraße/Ecke Lerchenstraße) erfahren sie ihre Geschichte, ehe es eine gute Stunde lang auf Fußstegen an den unterirdischen Kanälen entlanggeht. Die kostenlosen Touren organisiert das Tiefbauamt auf Anfrage.

❯ *Infos unter Tel. 0721 1337441*

für die Strafsenate. Jüngster Bautrakt ist das 2003 vollendete **Nordgebäude**, in dem u. a. sechs Zivilsenate sitzen. Dazu kommt eine Ausstellungsfläche für das **Rechtshistorische Museum** und die mit rund 460.000 Medieneinheiten **größte Gerichtsbibliothek Deutschlands**. Relativ neu ist das **Empfangsgebäude**.

In der Regel steht der Bundesgerichtshof auch Besuchern offen. Sie können ohne Voranmeldung – nur begrenzt durch das vorhandene Platzangebot – an den öffentlichen Verhandlungen teilnehmen oder nach vorheriger Anmeldung den Bundesgerichtshof im Rahmen einer **Führung** kennenlernen. Sie besteht nach einem einleitenden Überblick über Aufgaben und Funktion des Bundesgerichtshofs aus einem anschließenden Rundgang über das Gelände, durch das Erbgroßherzogliche Palais und durch das Nordgebäude mit der Gerichtsbibliothek. Die Dauer der Führung beträgt ca. 90 Minuten.

❭ **Bundesgerichtshof,** Herrenstraße 45 a, Tel. 0721 1590, www.bundesgerichtshof.de. Die Verhandlungen am Bundesgerichtshof finden in der Regel vormittags statt und sind grundsätzlich öffentlich. Für den Zutritt muss im Empfangsgebäude ein gültiger Personalausweis oder Reisepass vorgelegt werden.

⑮ **Prinz-Max-Palais und Stadtmuseum** ★★ [D2]

Am Anfang der Karlstraße, einer der innerstädtischen Nord-Süd-Achsen, befindet sich das Stadtmuseum. Den Kulturpalast verzieren sehenswerte **Bildhauerarbeiten.** Seinen Namen verdankt er **Prinz Max von Baden** (1867–1929), dem letzten Kanzler des Deutschen Kaiserreichs, der hier eine Zeit lang wohnte. Heute beherbergt das Palais neben dem **Stadtmuseum** eine

☑ *Das Prinz-Max-Palais, heute Sitz des Stadtmuseums*

026kr-gs

Freiherr Drais von Sauerbronn – der Erfinder des Fahrrads

Karlsruhe beansprucht zusammen mit Mannheim eine der wichtigsten Entdeckungen der Weltgeschichte für sich, die Erfindung des Fahrrads. An einem Junitag 1817 nämlich hatte der 1785 in Karlsruhe geborene und lange Zeit in Mannheim lebende Karl Friedrich Christian Ludwig Freiherr Drais von Sauerbronn seine Laufmaschine aus Holz vorgestellt - mit knapp 25 Kilo kaum schwerer als ein stabiles Hollandrad. Doch dem badischen Erfinder brachte die revolutionäre Neuentdeckung weder Glück noch Reichtum.

Schon im Oktober 1813 hatte der Forstbeamte Freiherr Drais von Sauerbronn, Sohn eines badischen Oberhofrichters, seinen Landes- und Dienstherren um Geld für die „Erfindung einer Fahrmaschine ohne Pferd" gebeten. Der aber lehnte seine Bitte ab. Nichtsdestotrotz stellte Drais schon wenig später seine erste Fahrmaschine vor: „ein Wagen auf vier Rädern, der ohne Pferd läuft". Als Meilenstein in der Mobilitätsgeschichte pries er seine Erfindung: „Wenn der Wagen

025kr-sk

nur gleich-schnell, als mit einem Pferde, läuft: so können mit ihm wohlfeilere, auch weite Reisen gemacht werden." Im Sommer 1817 machte Drais schließlich mit einem sogenannten Laufrad von sich reden, das er an einem Junitag vom Mannheimer Elternhaus aus Richtung Schwetzingen lenkte. 13 Kilometer währte die erste Fahrt mit dem neuen Gefährt, das aus Holz gefertigt war und noch keine Pedalen hatte. So wurde die Fahrt, bei der sich der Fahrer immer wieder neu vom Boden abstoßen musste, zur schweißtreibenden Treterei.

„Die Hauptidee der Erfindung [...] besteht in dem einfachen Gedanken, einen Sitz auf Rädern mit den Füßen auf dem Boden fortzustoßen", schrieb ein Wochenblatt damals über die Neuerfindung, die als Urtyp des Fahrrads gilt. Um sie noch bekannter zu machen, organisierte Drais weitere öffentliche Ausfahrten. Gleichzeitig bemühte er sich in einem Schreiben an den Großherzog um ein Patent auf sein Rad, das aber erst im Januar 1818 bewilligt wurde. Doch das badische Patent schützte ihn nicht vor dem Nachbau anderswo. Noch nämlich gab es kein allgemeines Urheberrecht und man klaute schamlos die Ideen anderer. Drais blieb so ein armer Mann, der im schnellen Rausch und Frauenbekanntschaften Trost suchte. Auf Anraten seines Vaters, der mit ansehen musste, wie das gesellschaftliche Ansehen seines Sohnes zerstört wurde, wanderte er schließlich nach Brasilien aus, um als Landmesser Geld zu verdienen. Im Juni 1827 war er aber wieder zurück. Es folgte der weitere gesellschaftliche Abstieg, den der Tod des

Vaters im Februar 1830 beschleunigte. Ende 1832 machte ihm der Staat seine Pension streitig, die er vor Gericht verteidigen musste. Gemobbt und gedemütigt verwahrloste er immer mehr – bis der Staat ihn gar zu entmündigen suchte. So nannte ihn der Amtsarzt einen „Halbnarren" und diagnostizierte: „bei einer sehr beschränkten Fassungs- und Urteilskraft hält er sich für eine große Genialität und trägt sich insbesondere fortwährend mit der fixen Idee, große wichtige oder gemeinnützige Erfindungen zu machen, herum und verwendet Zeit und Geld an seine meist läppischen und unsinnigen Pläne". Mittellos und schwer krank starb Drais schließlich am 10. Dezember 1851. Seine der Nachwelt überlassene Laufmaschine, die im Fahrrad schließlich perfektioniert und zu einem der heute wichtigsten Verkehrsmittel wurde, taxierte man im Nachlass auf heute umgerechnet gut 20 Euro.

zur Stadtbibliothek gehörende **Jugendbibliothek** und das **Museum für Literatur am Oberrhein** (s. S. 73). Ursprünglich war das im Krieg schwer beschädigte und danach als Sitz des Bundesverfassungsgerichts wieder aufgebaute Gebäude der geplante Altersruhesitz eines Bierbrauers und Bankiers. Nach seinem Tod erwarb Prinz Max von Baden die Gründerzeitvilla, in die er anno 1900 einzog. Seit 1969 gehört der Palast der Stadt, die ihn seit 1981 als Kulturzentrum nutzt. Zu der unter Denkmalschutz stehenden Anlage gehören auch ein sehenswerter **Garten** mit Zierbrunnen samt gusseiserner Gitter.

Innen zeigt das Stadtmuseum auf rund 800 m² Ausstellungsfläche **Karlsruher Stadtgeschichte**. Architekturmodelle veranschaulichen Entwicklung und Baugeschichte der Fächerstadt. Ein eigener Ausstellungsraum ist dem **Dritten Reich** und der **Verfolgung Andersdenkender** gewidmet. Filme und Fotos erzählen von der Zeit des Wiederaufbaus nach dem Krieg. **Fußballbegeisterte** können sich über einen Film aus dem Jahr 1910 freuen, als die Karlsruher Vereine KFV und FC Phönix aufeinandertrafen. Es ist das angeblich älteste deutsche filmische Fußballdokument.

Zu den besonderen Sehenswürdigkeiten im Stadtmuseum zählen das originale Laufrad des Fahrrad-Erfinders **Karl Drais von Sauerbronn** und der **Nachbau des ersten Automobils der Welt**, ein Benz-Motorwagen aus dem Jahr 1886, 263 Kilo schwer und 16 km/h schnell.

❯ **Prinz-Max-Palais (Stadtmuseum),** Karlstraße 10, Tel. 0721 1334230, www.karlsruhe.de/b1/stadtgeschichte, Öffnungszeiten: Di./Fr. 10–18, Do. 10–19, Sa. 14–18, So. 11–18 Uhr, Eintritt frei

Süd- und Südweststadt

Südlich der Kriegsstraße, die ihren Namen früheren Waffentransporten verdanken soll, liegt Karlsruhes **Südstadt**, der erste nach der Stadtgründung erbaute Stadtteil. Multikulturell geht es hier zu, auch gastronomisch – der Dönerladen findet sich nicht weit vom Italiener. Karlsruhes ältestes Kino, das Programmkino Schauburg (Marienstraße 16 [F4]), findet man hier und das **Badische Staatstheater** ⓰, einst Standort des ersten Karlsruher Bahnhofs. Mit seiner Verlegung Richtung Südwesten machte man den Weg für die weitere Entwicklung der Stadt frei.

Sehenswert sind in der Süd- und Südweststadt vor allem der **Zoologische Stadtgarten** ⓱, an dessen Nordseite sich das Kongresszentrum mit Schwarzwald- und Stadthalle befindet. Ganz im Westen haben sich die **Städtische Galerie** ⓲, die **Hochschule für Gestaltung** und das **Zentrum für Kunst und Medien** ⓲ angesiedelt, Karlsruhes bedeutendste Adresse für alle an moderner Kunst Interessierte. Dem ZKM gegenüber steht der **Filmpalast am ZKM** (Brauerstr. 40 [C4]) mit knapp 3000 Sitzplätzen und 10 Leinwänden, mehreren Restaurants und Bars. Vor allem dienstags ist er eine beliebte Adresse, wenn die Eintrittspreise deutlich unter denen vom Rest der Woche liegen. Nicht weit weg, ebenfalls in der Brauerstraße, hat der **Generalbundesanwalt** seinen streng bewachten Amtssitz.

▷ *Der „Musengaul" vor dem Badischen Staatstheater, eine Pferde-Großplastik von Jürgen Goertz, der in Karlsruhe Bildhauerei studierte*

⓰ Badisches Staatstheater ★★ [F4]

Das renommierte, Mitte der 1970-Jahre erbaute Badische Staatstheater vereint das **Große Haus** (mit gut 1000 Plätzen Spielstätte für Oper, Operette, Schauspiel und Ballett) und das **Kleine Haus** mit knapp 400 Plätzen. Dazu kommen eine **Studiobühne** für zeitgenössische Dramatik mit gut einhundert Plätzen und das **Junge Staatstheater in der Insel** mit 126 Plätzen, ein Musentempel in der Karlstraße für Kinder- und Jugendtheater. Das Staatstheater ist zudem Hauptspielort der jährlich stattfindenden **Händel-Festspiele** und Ausrichter verschiedener anderer kultureller Programme. Mit den **Deutschen Händel-Solisten** verfügt Karlsruhe über ein eigenes Festspielorchester, das für bestmögliche Originalklänge sorgt.

Das baulich etwas in die Jahre gekommene Staatstheater soll ab 2019 um ein neues Schauspielhaus erweitert und gründlich saniert werden – ohne große Beeinträchtigungen des

laufenden Spielbetriebs, wie die Verantwortlichen hoffen. Die Kosten für den voraussichtlich 2027 abgeschlossenen Um- und Neubau werden auf mindestens 125 Millionen Euro geschätzt.

Rund um den Musentempel finden sich eine Reihe interessanter **Kunstdenkmäler** wie der ursprünglich als „Trojanisches Pferd" konzipierte „**Musengaul**", eine Dauerleihgabe der Kunsthalle. Das mächtige Pferd war eine der ersten Pferde-Großplastiken von Jürgen Goertz, der ähnliche Monumentalwerke auch in Berlin („Rolling Horse") und Heidelberg („S-Printing Horse") schuf. Wie sein „Musengaul" ist auch seine ebenfalls auf dem Vorplatz des Theaters stehende „**Muse 90**" nicht jedermanns Geschmack. Schweres Gerät hatte er ihr einst auf den Kopf montiert, für Goertz der sichtbare Beweis, dass auch Musen heute nicht mehr frei von Zwängen denken können. Künstlerisch sehenswert sind auch „**Sonne und Mond**" auf der Rückseite des Theaters, eine Bronzeskulptur des bekannten deutschen Gegenwartskünstlers Markus Lüpertz, der erst spät zur Bildhauerei fand.

❯ **Badisches Staatstheater Karlsruhe**, Hermann-Levi-Platz 1, Tel. 0721 933333 (Tageskasse Mo.–Fr. 10–18.30, Sa. 10–13 Uhr), Tickets gibt es auch online. Ist eine Vorstellung ausverkauft, gibt es zusätzliche Stehplätze, Preise: 4,50–111 €, www.staatstheater.karlsruhe.de.

⓱ Zoologischer Stadtgarten Karlsruhe ★★★ [E5]

Mit mehr als einer Million Besuchern jährlich zählt der Zoologische Stadtgarten Karlsruhe zu den Besuchermagneten der Region. Das liegt nicht nur an seiner zentralen Lage

KLEINE PAUSE

Kunst und Kulinarik im Café Palaver

Zwischen Kaiserstraße und Staatstheater, versteckt in einem Hinterhof am Lidellplatz, befindet sich eins der Kultlokale der Stadt. Seit drei Jahrzehnten werden im Café Palaver Jung und Alt verwöhnt: mit Frühstück bis zum Abend, vorwiegend vegetarischen und veganen Mittagsgerichten, welche die acht Köche und Köchinnen täglich neu kreieren, und hausgemachten Fruchtsäften. Pommes Frites gibt es keine, dafür sonntags einen üppigen Brunch mit Eierspeisen. Alle drei Monate wechseln die Bilder an der Wand, die man auch kaufen kann. Kunst und Kulinarik haben hier bestens zusammengefunden!

🚃 [F3] **Café Palaver** €–€€, Steinstr. 23, Tel. 0721 377647, www.cafepalaver.de, tgl. 9–19 Uhr

zwischen Hauptbahnhof und Kongresszentrum, sondern auch an den vielen Freiflächen. Die Tiergehege sind inmitten des Stadtgartens gelegen, der mit 22 Hektar größten innerstädtischen Parkanlage. Sie steht unter Denkmalschutz und ist Heimstatt vieler Tausend Tiere – vom tonnenschweren Elefanten bis zu den bunten Leichtgewichten im Aquarium.

Der Karlsruher Zoo ist **einer der ältesten und historisch bedeutendsten Tiergärten Deutschlands.** Seinen Grundstein legte 1865 der Badische Verein für Geflügelzucht, der mit dem „Thiergarten" das Stadtleben bereichern wollte. Geld zur Erstfinanzierung stellte der Großherzog zur Verfügung, ebenso zahlreiche Tiere aus seinem Privatbesitz. Schon wenige Jahre später aber konnte der Ver-

029kr-gs

ein die Unterhaltskosten nicht mehr aufbringen, sodass die Anlage 1877 schließlich in städtischen Besitz überging. Zum Zoo gehört heute auch der **Tierpark Oberwald** südöstlich der Stadt, in dem viele weitere Tiere wie Elche oder Przewalskipferde in großen Waldgehegen leben.

Im Lauf der Jahrzehnte wurden die Tiergehege des Zoos immer zahlreicher. So bezogen 1913 die ersten Seelöwen eine Freianlage. 1923 erhielt der Tiergarten seinen ersten Königstiger, ein Jahr später eine Elefantenkuh. Im Krieg wurden die Anlagen stark beschädigt und die überlebenden Tiere an andere Zoos abgegeben. Im Stadtgarten selbst pflanzte die hungernde Bevölkerung Gemüse an. Doch schon 1947 begannen die Karlsruher mit der Neuanlage von Tiergehegen. Im Rahmen der Bundesgartenschau 1967 wurde ein Teil der Zoobewohner in den neuen Tierpark Oberwald verfrachtet, um so im Stadtgarten mehr Grünflächen zu schaffen.

Inzwischen sind ein neues Affenhaus, ein Gehege für Eisbären, eine Schimpansenanlage und ein Außengehege für Elefanten entstanden. Zuletzt kamen ein neuer Streichelzoo, ein Gehege für Nasenbären und ein Giraffenhaus sowie das Exotenhaus hinzu, eine tropische Fels- und Uferlandschaft. Seine Bewohner – von kleinen Vögeln bis zu Affen und Krokodilen – sind auf mehreren Stockwerken zu erleben, zum Teil ohne Abgrenzung von den Besuchern. In naturnah gestalteten Aquarien und Terrarien gibt es weitere beeindruckende und seltene Tiere zu sehen. Ein Ausflugsziel für jede Jahreszeit!

Es gibt viel zu erleben: Eisbären erkunden eine Tundra-Landschaft und können durch Unterwasserfenster beim Tauchen, Schwimmen und Spielen beobachtet werden. In der Afrikanischen Savanne fühlen sich Zebras, Giraffen und Antilopen wohl. Direkt daneben tollen die Erdmännchen in einer geräumigen und durch

⌂ *Mehr als 4000 Tiere sind im Zoologischen Stadtgarten zu Hause*

große Glasscheiben sehr transparenten Anlage.

Insgesamt sind im Zoologischen Garten **mehr als 4000 Tiere aus 255 Arten** zu Hause. Besonderen Spaß haben alle Pippi-Langstrumpf-Fans in Karlsruhe. So ist hier inzwischen der Original-Papagei aus dem Film „Pippi in Taka-Tuka-Land", ein über 50 Jahre alter, in Brasilien geborener roter Ara zu Hause – außerdem eine Horde von Totenkopfäffchen (Herr Nilsson) und ein gepunktetes Shetland-Pony, das an den „Kleinen Onkel" aus dem Film erinnern soll. Bei den kommentierten Fütterungen – etwa bei den Seelöwen oder Elefanten – erfahren Besucher zudem direkt von den Pflegern Wissenswertes über die Tiere.

Kinder können im Streichelgehege auf Tuchfühlung mit Zwergziegen, Alpakas und Shetlandponys gehen oder auf dem Abenteuerspielplatz toben. Die Kinderturnwelten machen den Zoologischen Stadtgarten noch familienfreundlicher. Dem Vorbild von Affen oder Ziegen folgend, können die jüngsten Besucher in sechs Bewegungsarealen hangeln, klettern und springen – und dabei obendrein Wissenswertes über die Tiere lernen, die direkt in den Gehegen bei den Arealen zu sehen sind.

Zu den Attraktionen im **Stadtgarten** zählen die mehr als 200 Rosensorten im Rosengarten und der Japanische Garten, eine 1918 angelegte Anlage mit Shinto-Schrein, Steinlöwen und Pagode, damals einer der ersten asiatischen Gärten in Deutschland. Neuste Attraktion in der Parklandschaft ist ein Duft- und Tastgarten, in dem es Pflanzen riechend oder mit den Fingerspitzen zu erkennen gilt.

❱ **Zoologischer Stadtgarten Karlsruhe,** Ettlinger Str. 6, Tel. 0721 1336801, www.karlsruhe.de/zoo, Öffnungszeiten Kasse

Süd (Hauptbahnhof): Nov.–Jan. 9–16, Febr.–April 9–17, Mai–Sept. 8–18, Okt. 9–17.30 Uhr. Die Kasse Nord am Festplatz öffnet vormittags meist eine Stunde später. Eintritt: 10 €, Kinder bis 15 Jahre 5 €, Familienkarten 17–25 €. Die Tierhäuser schließen im Winter um 17, im Sommer um 18 Uhr. Der Aufenthalt im Zoologischen Stadtgarten Karlsruhe ist bis Einbruch der Dunkelheit möglich. Hunde sind zum Schutz der freilaufenden Tiere im Stadtgarten nicht erlaubt.

EXTRATIPP

Gondolettas

Spätestens ab Karfreitag, in der Regel ab Anfang April, schippern Jahr für Jahr bis Mitte Oktober sogenannte Gondolettas über die Seen des Stadtgartens. Das sind kleine, an einem Unterwasserseil gezogene **Boote.** Auf den 40-minütigen Rundfahrten fahren die Besucher an zahlreichen Tiergehegen und Blumenbeeten vorbei, was ganz neue Einblicke gewährt. Die Gondolettas, die im Rahmen der Bundesgartenschau 1967 ihren Betrieb aufnahmen, verkehren montags bis samstags von 11 bis 18 Uhr, an Sonn- und Feiertagen von 10.30 bis 18.30 Uhr.

❱ Preis pro Rundfahrt: 4,50 €, Kinder 2,50 €

056kr-gs

⑱ ZKM | Zentrum für Kunst und Medien und Städtische Galerie ★★★ [B4]

Das ZKM | Zentrum für Kunst und Medien Karlsruhe, lange Zeit firmierte es als Zentrum für Kunst und Medientechnologie, gehört zu den wichtigsten Kulturinstitutionen Deutschlands. Hier finden Malerei, Fotografie und Skulptur ebenso Platz wie Film, Video, Musik, Tanz, Theater und Performance. Untergebracht ist das ZKM in einem 300 m langen, denkmalgeschützten Industriebau, der in zehn Lichthöfe gegliedert ist. In ihm sind auch die Städtische Galerie und die Staatliche Hochschule für Gestaltung (HfG) Karlsruhe zu Hause.

Das ZKM wurde 1989 als Stiftung des öffentlichen Rechts gegründet und ist seit 1997 in einer ehemaligen Waffen- und Munitionsfabrik untergebracht. Es beherbergt neben Sammlungen und Museen auch Forschungsinstitute und ein Labor, in denen wissenschaftlich geforscht, entwickelt und produziert wird. Auch einige Künstler arbeiten hier. Genau betrachtet ist das ZKM die Fortschreibung der klassischen Künste ins digitale Zeitalter, weshalb seine Gründer es auch gern als „digitales Bauhaus" bezeichnen. Heute ist das ZKM weltweit renommiert und gilt als zeitgenössische Plattform für wissenschaftliche Experimente und hintergründige Diskussionen im Zeitalter virtueller Welten.

Zum Zentrum gehören die **Ausstellungsflächen**, die vier Lichthöfe umfassen, das **Institut für Bildmedien**, das **Institut für Musik und Akustik** und das **Labor für antiquierte Videosysteme**, eines der weltweit führenden Labors zur Videorestaurierung. Forschung und Produktion sind hier gebündelt. Ausstellungen und Veranstaltungen geben aktuelles Wissen weiter, das Tag für Tag an der Schnittstelle von Kunst und Wissenschaft entsteht. Gerade diese Aktualität ist es, die die Karlsruher Institution zu einem weltweit anerkannten „**Mekka der Medienkunst**" gemacht hat.

Öffentlich zugänglich sind die Ausstellungsflächen und die Bibliothek mit der Medialounge, die über 60.000 Publikationen zu Kunst, Design und Architektur des 20. und 21. Jahrhunderts beherbergt. Im Foyer stehen Besuchern außerdem eine Infotheke, ein Bistro-Café und ein gut sortierter Museumsshop zur Verfügung.

Das ZKM dokumentiert u. a., wie Computer, Telefon und Internet unser tägliches Miteinander verändert haben und wie durch Aktionen und Reaktionen neue Kunst entsteht, die nichts mehr gemein hat mit dem, was einst als Kunst galt.

Auf rund 15.000 m² Ausstellungsfläche präsentiert das ZKM in **Dauer- und Wechselausstellungen** moderne Werke aus privaten und öffentlichen Sammlungen sowie von Stiftungen. Ergänzt werden die Werkschauen von öffentlichen Veranstaltungen wie Opern auf multimedialer Bühne, Konzerten, Performances, wissenschaftlichen Symposien und Tanz- sowie Filmabenden.

Seit dem Jahr 2006 gehören zudem die **ARD-Hörspieltage**, in deren Rahmen der Deutsche Hörspielpreis vergeben wird, zum festen Veranstaltungsprogramm.

In der gleichen Anlage wie das ZKM hat auch die **Städtische Galerie** Platz gefunden. Sie steht für badische Kunst und Gegenwartskunst und geht auf eine Schenkung aus dem Jahr 1896 zurück. Ihre Sammlung umfasst rund 15.000 Kunstwerke, vor allem Gemälde, Plastiken, Installationen und Objekte, aber auch Fotos und Kunstwerke aus Papier. Horst Antes, Georg Baselitz, Markus Lüpertz oder HAP Grieshaber, die alle als Professoren an der Staatlichen Akademie für Bildende Künste in Karlsruhe lehrten, haben ebenso ihre Spuren in der Galerie hinterlassen wie einige ihrer Schüler. Zu den Dauerleihgaben gehören Werke von Sigmar Polke, Jörg Immendorf und A. R. Penck.

Ebenfalls im Kunstareal der Lorenzstraße zu Hause ist die **Staatliche Hochschule für Gestaltung (HfG) Karlsruhe**, die immer wieder mit kleinen Ausstellungen oder Objekt-Installationen überrascht. Überregionale Bekanntheit hat ihr vor allem der streitbare Philosoph und Publizist Peter Sloterdijk verschafft. Fünf Studiengänge werden in der HfG angeboten – unter anderem Medienkunst, Produkt-, Ausstellungs- und Kommunikationsdesign und als Masterstudiengänge Kunstwissenschaft und Medienphilosophie.

❯ **ZKM | Zentrum für Kunst und Medien Karlsruhe,** Lorenzstr. 19, (Lichthof 1-2 und 8-9), Tel. 0721 81000, www.zkm. de, Mi.–Fr. 10–18 Uhr, Sa./So. 11–18 Uhr, Eintritt: 6–10 €, Kinder bis 17 Jahre 2–3 €, Familienkarte 12–19 €, Fr. ab 14 Uhr Eintritt frei. Die Bibliothek befindet sich im 1. Stock.

❯ **Städtische Galerie Karlsruhe,** Lorenzstr. 27 (Lichthof 10), Tel. 0721 1334444, www.karlsruhe.de, Öffnungszeiten: Mi.–Fr. 10–18, Sa./ So. 11–18 Uhr, Eintritt: je nach Ausstellung 3–5 €, Kinder und Jugendliche bis 18 Jahre frei

❯ **Hochschule für Gestaltung,** Lorenzstr. 15 (Lichthof 3–5), Tel. 0721 82030, www.hfg-karlsruhe.de

Weststadt

Die Weststadt, zwischen der City und dem Stadtteil Mühlburg gelegen, gehört zu den **schönsten Wohnvierteln** von Karlsruhe. Die **Kaiserallee** [A–C2] ist seine Mittelachse. Prächtige Bauten aus der Gründerzeit, die fast alle den Zweiten Weltkrieg weitgehend unbeschadet überstanden haben, bestimmen die Gegend – vor allem in der **Sophienstraße** [A–D3], die 1818 als Neutorstraße angelegt wurde, ehe man sie nach der Ehefrau des Großherzogs Leopold von Baden umbenannte. Mit 250 Hausnummern ist sie eine der längsten Straßen der Stadt. Restaurants und Biergärten säumen sie – und das **Lessing-Gymnasium,** das als erstes deutsches Mädchengymnasium gilt (s. S. 11). Erst 1973 wurde hier die Koedukation eingeführt.

Wohlfühloase am Gutenbergplatz

Klein, aber fein: Im Café Juli wird jeden Morgen frisch gebacken, z. B. fürs Frühstück, zu dem Eier in allen Varianten, Schinken, Käse, Marmelade, Müsli und Früchte munden. Mittags gibt es Salate, Panini oder Ofenkartoffeln und täglich wechselnde, kleine Mittagsgerichte wie eine Ingwer-Karotten-Suppe. Besonders begehrt sind die Terrassenplätze, wo im Sommer ein „Latte on the Rocks" zufriedenstimmen kann, ein eiskalter Latte Macciato auf Eiswürfeln, oder ein Smoothie aus Mango, Himbeere und Pfirsich.

↻2 [A2] **Café Juli,** Nelkenstr. 21, Tel. 0721 84089899, www.cafe-juli.de, Mo.–Fr. 9–18.30, Sa. 7.30–18.30, So. 10–18 Uhr (im Sommer auch länger)

031kr-gs

In der Weststadt fällt auch auch die renovierte, Anfang des 20. Jahrhunderts gebaute neuromanische Kirche **St. Bonifatius** (Sophienstr. 127 [B3]) ins Auge.

19 Gutenbergplatz ★ [A2]

Der Gutenbergplatz ist der zentrale Treffpunkt in der Weststadt. Hier findet jeden Di., Do. und Sa. **Markt** statt und mehr als drei Dutzend Händler locken mit allem, was satt und zufrieden macht – von Pfälzer und badischen Spezialitäten bis zu ausländischen Gaumenkitzlern. Der Brunnen auf dem Platz, den zahlreiche Cafés und Restaurants säumen, entstammt dem Jahr 1908 und verdankt den Namen **Krautkopfbrunnen** dem bronzenen Krautkopf, der ihn krönt.

Der Gutenbergplatz, eingerahmt von zwei Alleen aus Lindenbäumen, ist samt umstehender Häuser als Gesamtensemble **denkmalgeschützt**. Er ist Herz und Seele der Weststadt, die in der Gründerzeit vorwiegend Industriegebiet war. In seiner Nähe befanden sich das **Gaswerk**, in dem heute das Sandkorn-Theater, das marotte-Figurentheater und das Jakobus-Theater zu Hause sind (s. S. 84), und auch einige **Brauereien**. Im Lauf der Jahre wurde die Gegend aber zunehmend mit Wohnungen bebaut, von denen ein Teil alle Kriegszeiten weitgehend unbeschadet überstanden hat. So finden sich am Gutenbergplatz und in der benachbarten Sophienstraße einige interessante **Jugendstil**-Wohnbauten, an deren Fronten und Erkern es immer wieder Neues zu entdecken gilt. „Augen nach oben", heißt es deshalb bei einem Bummel in der Weststadt.

Vor allem im Sommer lebt der nach dem Erfinder der Druckkunst mit beweglichen Lettern benannte Gutenbergplatz von seiner **Außengastronomie**, Tisch reiht sich an Tisch, Stuhl an Stuhl und man fühlt sich ein bisschen wie in einer mediterranen Großstadt. Besonders schön ist es auf dem Platz während des seit 1919 am ersten Juli-Wochenende gefeierten Lindenblütenfests, dem ältesten Karlsruher Stadtteilfest.

⌂ *Viele alte Häuser prägen das Bild der Weststadt entlang der Sophienstraße [A–D3]*

▷ *Schloss Gottesaue in der Oststadt*

Oststadt

Östlich an die Innenstadt schließt sich die Oststadt mit gut 21.000 Einwohnern an. Hier sind zahlreiche **Forschungszentren** zu Hause, **Kirchen** und die Karlsruher **Zentralmoschee**. Zu den ältesten Teilen der Oststadt gehört die Gottesaue südlich der Durlacher Allee, welche die Innenstadt mit dem Stadtteil Durlach (s. S. 50) verbindet. In dieser Gegend gründete man Anfang des 11. Jahrhunderts das Benediktinerkloster **Schloss Gottesaue ⓴**. Außerdem finden sich in der Oststadt der Hauptfriedhof, einer der größten und ältesten Deutschlands, die **Großherzogliche Grablege ㉒** und einige schöne Jugendstil-Straßenzüge. Kulturelles Zentrum ist der **Alte Schlachthof ㉑**, der heute vielen Kreativen als Arbeitsplatz dient und fast rund um die Uhr attraktive Freizeitangebote bietet.

⓴ Schloss Gottesaue ★ [J4]

Schloss Gottesaue – im Stadtarchiv spricht man von Gottesau – gehört zu den Keimzellen der Stadt. Es beherbergt heute die **Hochschule für Musik**. Im großen Garten gibt es im Sommer **Open-Air-Kino**. Vielfältig und spannend ist die Geschichte des Gebäudes, das im Jahr 1094 gestiftet und höchstwahrscheinlich von Mönchen des Klosters Hirsau gegründet wurde. 1556 starb der letzte Mönch in der im Bauernkrieg arg zerstörten Abtei, das Kloster wurde säkularisiert und Domäne der badischen Markgrafen.

Unweit der Klosterruinen ließ **Markgraf Ernst Friedrich** schließlich Ende des 16. Jahrhunderts ein erstes **Schloss** bauen, das er zur Jagd und Freizeitgestaltung nutzte. Kriege und Brände aber setzten auch diesem Gebäude zu, das man aber immer wieder erneuerte, zuletzt in den 1980er-Jahren, als man den alten Renaissancebau rekonstruierte – eine architektonische Meisterleistung. Innen wurden Aufzüge und Sanitäranlagen eingebaut, sodass 1989 die Hochschule für Musik Karlsruhe den „neuen Altbau" beziehen konnte. Heute beherbergt das Schloss viele hundert Professoren und Studenten, die in mehreren Fachbereichen hier ihren Bachelor oder Master machen können.

› **Schloss Gottesaue (Hochschule für Musik Karlsruhe)**, Am Schloss Gottesaue 7, Tel. 0721 66290, www.hfm-karlsruhe.de, tgl. 8–21.30 Uhr

032kr-gs

㉑ Alter Schlachthof – Kreativpark Karlsruhe ★★ [J3]

Direkt neben dem Park von Schloss Gottesaue liegt das heute komplett unter Denkmalschutz stehende Schlachthofgelände. Hier hat Karlsruhes **kreative Szene** ihre neue Heimstatt. Auf einer insgesamt fast acht Hektar großen Fläche drängen sich fünfzig **Gastronomiebetriebe, Kultureinrichtungen** und **Start-ups**: Existenzgründerzentren wie das Container-Lab Perfekt Futur, das **Substage** (s. S. 84), einer der populärsten Livemusikklubs der Stadt, und das **Kulturzentrum Tollhaus** (s. S. 84).

Die Entwicklung des Geländes verdankt Karlsruhe übrigens seiner Bewerbung zur Kulturhauptstadt Europas Anfang dieses Jahrtausends. Nachdem der Schlachthof Ende 2006 seinen Betrieb endgültig aufgegeben hatte, zog in den alten Mauern neues Leben ein. Wo früher Vieh geschlachtet und zu Wurst oder Fleisch verarbeitet wurde, wird heute Musik gemacht oder Party gefeiert. Angeschoben durch städtische Entwicklungsgesellschaften schuf man zudem viele neue Büros und gastronomische oder kulturelle Einrichtungen. So wie das **Existenzgründerzentrum Perfekt Futur**, das in der ehemaligen Schweinemarkthalle Seecontainer aufgestellt hat, die Kreativarbeitern als Büro dienen. Besuchermagnet im alten Schlachthof ist die **Kulturnacht „Schwein gehabt"**, die alle zwei Jahre viele Tausend Menschen vereint: bei Konzerten, Ausstellungen, Theater oder Kurzfilmen.

❯ **Alter Schlachthof**, Durlacher Straße, www.alterschlachthof-karlsruhe.de

㉒ Großherzogliche Grablege ★

Erst seit ein paar Jahren steht die **neogotische Großherzogliche Grabkapelle** mit ihrem weithin sichtbaren Turm im Karlsruher Hardtwald Besuchern offen. Gebaut wurde die Grablege, die den Zweiten Weltkrieg unbeschadet überstand, im Auftrag des badischen Großherzogs **Friedrich I.** (1826–1907) und seiner Gemahlin **Luise von Preußen** (1838–1923). In dem etwas abgelegenen Gebäude konnte das Herrscherpaar ungestört um ihren schon

033-kr-gs

mit 23 Jahren verstorbenen Sohn **Prinz Ludwig Wilhelm** trauern. Als Vorbild der 1889 bis 1896 errichteten Grabkapelle diente das königliche Mausoleum im Charlottenburger Schloss in Berlin, das Anfang des 19. Jahrhunderts für die Großmutter der Großherzogin, die preußische Königin Luise, errichtet wurde.

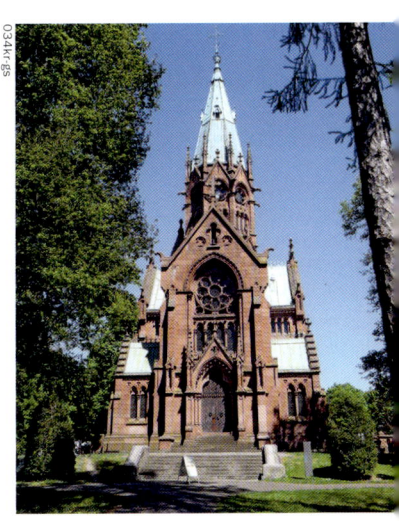

Sehenswert im Inneren sind die **weißen Marmorsärge** von Großherzog Friedrich I., seiner Gemahlin und ihrem jüngsten Sohn. „Sie sind als plastische Liegefiguren dargestellt und erscheinen wie schlafend, als könnten sie im nächsten Moment erwachen", heißt es bei der Verwaltung der Staatlichen Schlösser und Gärten Baden-Württembergs, welche die Anlage heute betreut. In der hinter dem Kirchenraum liegenden **Krypta** (sie ist nur im Rahmen einer Sonderführung zugänglich) findet sich die Familiengruft der letzten Großherzöge von Baden und ihrer Angehörigen. 17 Mitglieder des Hauses Baden sind hier bestattet, darunter alle seit 1830 verstorbenen Großherzöge.

❭ **Großherzogliche Grabkapelle Karlsruhe,** Klosterweg 11, Tel. 07251 742661, www.grabkapelle-karlsruhe.de, April–Oktober: Do. 11–14, Fr. 14–17, Sa./So. 13–17 Uhr, 2 €. Besichtigung der Gruft nur im Rahmen einer Sonderführung (Eintritt: 6 €) möglich.

㉓ Wildparkstadion ★

Das Wildparkstadion ist eine Karlsruher Institution. Mitten im Hardtwald liegt die Anlage, die Heimstatt des **Karlsruher Sport Clubs (KSC).** Das Stadion wurde im Jahr 1955 an Stelle des alten FC-Phönix-Sportplatzes von 1921 gebaut und verfügte einmal über 55.000 Plätze, die inzwischen allerdings um fast die Hälfte reduziert wurden. Damals galt das Wildparkstadion als eines der modernsten Europas, war man stolz auf eine der ersten großen Flutlichtanlagen in Deutschland.

Inzwischen hat man die Anlage, die früher auch großen Leichtathletik-Meetings diente, zu einem reinen Fußballstadion ausgebaut, in dem der Karlsruher Sport Club seine Heimspiele austrägt. Die Stadt Karlsruhe hat sich aber für den Neubau eines Fußballstadions entschieden, das in den nächsten Jahren trotz des Abstiegs der Bundesligakicker entstehen soll.

❭ **Wildparkstadion,** Adenauerring 17, Tickethotline Tel. 0721 9643466 (Mo.–Fr. 9–17 Uhr), www.ksc.de. Das Wildparkstadion erreicht man vom Schloss zu Fuß in rund zwanzig Minuten.

◿ *Die Großherzogliche Grablege*

◺ *Auf dem Gelände des Alten Schlachthofs sind inzwischen viele Kreative zu Hause*

Sehenswertes außerhalb des Stadtzentrums

㉔ Dammerstock-Siedlung ⭐

Architekturfreunden sei die Dammerstock-Siedlung im Süden der Stadt ans Herz gelegt, mit der **Walter Gropius** (1883–1969), einer der Väter moderner Architektur, einst Geschichte schrieb. Seine Musterhäuser prägen bis heute einheitliche Geschosshöhen, identische Fensterelemente, weißer Fassadenputz und graue Sockel, glatte Türen in Eisenrahmen und Flachdächer. Die Dammerstock-Siedlung war eine der ersten von den Ideen des **Bauhaus** inspirierten großen städtischen Siedlungen in Europa. Kurzfristig zu bauen sollten die Wohnungen sein, schön, aber auch preiswert, denn bezahlbarer Wohnraum war damals sehr gefragt.

1928 hatte Karlsruhe einen **Wettbewerb** zur raschen Bebauung des Geländes ausgeschrieben. Walter Gropius, der kurz zuvor die Leitung des Bauhauses in Dessau aufgegeben hatte, gewann den Wettstreit, weil seine Häuser den Sonnenstand optimal nutzten. So schien die Sonne morgens in den Schlafzimmern, mittags im Wohnbereich. Revolutionär war damals auch die zentrale Heizung und Warmwasserversorgung der nur 45 bis 70 Quadratmeter großen Wohneinheiten.

Die ersten 228 waren im Oktober 1929 fertig und wurden von einer eigens gegründeten Baugenossenschaft verwaltet. Für die Vermarktung gewannen sie den Dadaisten **Kurt Schwitters** (1887–1948), der sein Geld damals als Werbegrafiker verdiente. Die Wohnsiedlung wurde anfangs als „Jammerstock" verspottet. Zudem witzelten die Karlsruher in Anspielung auf die kleinen Wohneinheiten, dass die Bewohner spezielle Nachttöpfe bräuchten, deren Henkel innen angebracht seien.

Auch heute noch ist die Siedlung zum Großteil Eigentum eines **Bauvereins**, der allerdings mit ansehen muss, wie im Rahmen von Renovierungen und Sanierungen immer mehr Teile der originären Ausstattung wie Wasserhähne oder Türgriffe verschwinden.

Wer sehen will, wie man ursprünglich in der Dammerstockstraße wohnte, muss ins **Stadtmuseum** ⑮, wo eine komplette Küche von damals steht. Wegen ihrer vergleichsweise niedrigen Mieten ist die Dammerstock-Siedlung auch heute eine beliebte Wohngegend. Mit dem **erasmus** (s. S. 80) hat in einem der denkmalgeschützten Bauten eines der populärsten Karlsruher Slow-Food-Restaurants Platz gefunden.

❯ **Dammerstock-Siedlung**, Dammerstockstraße, Haltestelle: S-Bahn-Station Dammerstock

㉕ Durlach mit Turmberg ⭐⭐⭐

Mit über 30.000 Einwohnern ist Durlach – nur wenige S-Bahn Minuten vom Hauptbahnhof entfernt – der größte Karlsruher Stadtteil. Er gilt als die Keimzelle der Stadt, weil der Markgraf von hier aus Carols-Ruhe gründete. Sehenswert sind die Stadtkirche, das alte Schloss, die Karlsburg, der Marktplatz und das Rathaus, vor allem aber der Turmberg – ein beliebtes Ausflugsziel. Karlsruhes Hausberg ist 256 Meter hoch und der nordwestlichste Gipfel des Schwarzwalds.

Durlach wurde Ende des 12. Jahrhunderts vom **Stauferkaiser Hein-**

035Kr-gs

rich IV. gegründet und fiel schon bald der **Markgrafschaft Baden** zu. Mitte des 16. Jahrhunderts verlegten die Markgrafen ihren Amtssitz von Pforzheim nach Durlach, das im Zug des französischen Erbfolgekriegs 1689 aber völlig zerstört wurde. Auch wenn man schnell mit dem Wiederaufbau begann, verlor die Stadt ab 1715 mehr und mehr an Bedeutung. Das lag vor allem daran, dass der Markgraf seinen Amtssitz ins neu gegründete Schloss Carols-Ruhe verlegt hatte. Kein Wunder, dass sich die selbstbewussten Durlacher deshalb immer wieder dagegen sperrten, nach Karlsruhe eingemeindet zu werden. Die Eingemeindung erfolgte so erst 1938, im Dritten Reich amtlich verfügt und 1950 von der Stadt bestätigt.

Die alte **Stadtmauer**, von der Reste wie der Basler Torturm zeugen, ist noch heute im Stadtbild gut sichtbar.

Auf dem Balkon des 1845 erbauten **Rathauses** steht die Kopie einer Ritterfigur, die in der einen Hand eine Fahne aus Eisenblech, in der anderen ein Schild mit dem badischen Wappen hält. Es soll sich um **Markgraf Karl II**. handeln, der 1556 Durlach zur Residenz machte. Der Volksmund nennt ihn „Karle mit der Tasch'", weil er die Bauleute seiner Burg aus einer Tasche, die er meist bei sich trug, höchstpersönlich entlohnt haben soll. Die **evangelische Stadtkirche** hat noch ihren Westturm aus dem 12. Jahrhundert, während das Langhaus in gotischen Formen neu erbaut wurde.

Immer einen Bummel wert ist die Pfinztalstraße mit ihren vielen kleinen Geschäften, Bistros und Cafés, deren Terrassen vor allem im Sommer zum Stopp laden – so wie beim **Café Kehrle** (s. S. 81), wo täglich frische Kuchen und Torten auf den Tisch kommen.

Mächtig ist das **Schloss**, die ehemalige Residenz der Markgrafen. Der heutige Bau stammt aus dem Jahr 1703. Am einen Ende haben sich noch Teile der sogenannten Karlsburg erhalten, etwa ein Trep-

⌂ *Eines der Wahrzeichen Durlachs ist das alte Schloss*

penturm mit Ziergiebel. Heute beherbergt das Schloss das **Pfinzgaumuseum** (s. S. 74) mit Erinnerungsstücken aus Durlachs traditionsreicher Geschichte.

Unweit vom Schloss findet sich der **Hengstplatz** mit einem Denkmal für Christian Hengst (1804–1883), den Gründer der angeblich ersten freiwilligen Feuerwehr Deutschlands,

Kleine Feinschmeckerei

... nennt sich das winzige Lädchen in der Nähe von Durlachs Marktplatz, das täglich hausgemachte Kuchen und einen kleinen Mittagstisch anbietet. Montags kommen Kartoffeln auf den Tisch, dienstags Salate, mittwochs Nudeln, donnerstags Suppen, freitags Maultaschen und samstags Eintopf. Alles hausgemacht wie auch die Äpfel- oder Birnensäfte aus eigenem Anbau.

🚩**4 Kleine Feinschmeckerei,** Amthausstr. 7, Durlach, Tel. 0157 88475257, www.kleinefeinschmeckerei.de, Mo. 10.30–14, Di.–Fr. 9.30–18, Sa. 9–14 Uhr

036kr.gs

das sich zeitgemäß „Pompierkorps" nannte. Ihr erster großer Löscheinsatz war der Brand des Karlsruher Hoftheaters anno 1847. Die von Hengst einst angeschaffte „Stadtspritze Nr. 2" ist eines der Prachtstücke im Pfinzgaumuseum.

Durlachs Publikumsmagnet aber ist der **Turmberg** mit seinem als Aussichtsturm ausgebauten, 28 m hohen Bergfried, dem letzten Rest einer mittelalterlichen Burganlage. Er ist zu Fuß vom Marktplatz in einer guten halben Stunde zu erreichen, allerdings zum Teil über einen schweißtreibenden Weg über hunderte Treppenstufen („Hexenstäffele"). Schneller und einfacher geht es mit der **Turmbergbahn**, die seit 1888 bergauf fährt – anfangs mit Wasserkraft, heute mit Strom. Sie gilt als älteste deutsche Standseilbahn. Außerdem gibt es eine Fahrstraße zum Gipfel.

Der mehr als 250 m hohe Turmberg mit seiner neu gestalteten Aussichtsplattform bietet einen einmaligen Blick in die Rheinebene. Bei bestem Wetter soll man Straßburgs Münster ebenso wie Speyers Dom sehen können. **Wanderwege** laden zu Rundgängen, ein **Waldseilpark** zum Klettern. Historisch von Bedeutung ist das Jahr 1764, als ein gewisser Johann Lorenz Böckmann (1741–1802) vom Turmberg mittels eines optischen Telegraphen **das erste deutsche Telegramm** nach Karlsruhe schickte. Es war an den Markgrafen adressiert, dem er so zum Geburtstag ein Gedicht übermittelte. Ein paar Hundert Meter vom Turm entfernt befindet sich die Sportschule Schöneck, wo früher die deut-

◁ *Auf Durlachs Turmberg fährt Deutschlands älteste Standseilbahn*

Johann Gottfried Tulla – der „Bändiger des wilden Rheins"

Jahrhundertelang nahm sich der Rhein auf seinem Weg von Süden nach Norden Zeit und schlängelte sich gemütlich von Basel bis Bingen durch die Ebene. Fast mit jedem großen Hochwasser aber änderte sich der Flusslauf, der auf dieser Strecke damals 81 Kilometer länger als heute war. Zudem führte die Verlagerung des Flussbetts - schließlich war der Rhein Grenzfluss zwischen Frankreich und Baden - zu permanenten diplomatischen Auseinandersetzungen beider Staaten. Immer wieder musste der Grenzverlauf neu definiert werden und es galt, Eigentumsfragen an Ufergrundstücken und den damals über zweitausend Rheininseln zu klären.

Dem allen wollte ein gebürtiger Karlsruher schließlich ein Ende machen: Johann Gottfried Tulla (1770–1828), ein Ingenieur, der Chemie und Mineralogie studiert hatte. 1809 hatte er seine Pläne zur Rheinregulierung erstmals vorgestellt, detailliert erklärt, welche Vorteile es brächte, den Fluss auf 200 bis 250 Meter einzuengen und mit Dämmen zu sichern. Dadurch würden die Anlieger besser vor Überflutungen geschützt, man könnte neue Siedlungsflächen gewinnen, vor allem aber würde sich die Rheinschiff-

fahrt um Tage beschleunigen. Ein Argument, das angesichts der wachsenden Industrialisierung zum gewichtigsten wurde. Punkten konnte der Ingenieur auch mit dem Hinweis, dass man durch die Rheinregulierung das sogenannte Sumpffieber, die Malaria, in den Griff bekäme.

Im Jahr 1817 - angestoßen durch ein schweres Hochwasser, das die Karlsruhe gegenüberliegende Gemeinde Wörth heimsuchte - begann unter Tullas Federführung so nördlich von Karlsruhe die Rheinbegradigung, die erst unter seinen Nachfolgern fast sechs Jahrzehnte später abgeschlossen sein sollte.

Die Regulierung des Flusses war umstritten. Zwar brachte sie auf beiden Seiten beträchtliche Landgewinne, aber auch herbe Einbußen für die Goldwäscher und Fischer. Zur Ironie des Schicksals gehörte, dass Tulla, der „Bändiger des wilden Rheins" wie man ihn gern nannte, 1828 an den Folgen einer Malariaerkrankung starb und auf dem Pariser Friedhof Montmartre beigesetzt wurde. Einen der technisch schwierigsten Abschnitte der Rheinregulierung, den bei Altrip, ließ er auf seinem Grabstein verewigen.

sche Fußballnationalmannschaft gern zu Gast war.

> **Turmberg Karlsruhe Durlach,** Reichardtstraße 22, Tel. 0721 37205384. Der Aussichtsturm ist von Mitte April bis Mitte Oktober von 7 bis 20 Uhr geöffnet, den Rest des Jahres von 9 bis 16 Uhr.

● 3 **Turmbergbahn,** Bergbahnstr. 85. Die Turmbergbahn fährt nach dem Sommerfahrplan täglich von 10 bis 20 Uhr. Im

Winter (Nov.–März) verkehrt die Bahn nur am Wochenende von 10 bis 18 Uhr. Sollte Schnee liegen, gibt es für Wintersportler auch werktags von 11 bis 17 Uhr Fahrten zum Turmberg. Preis: 1,90 € (einfach) bzw. 2,80 € (Berg- und Talfahrt), Familienkarte 5 €. Die Talstation der Standseilbahn liegt nicht weit von der Straßenbahnendstation „Durlach Turmberg" entfernt.

Karlsruhes Rheinseite: Daxlanden, Mühlburg, Knielingen

Knapp zwei Fußstunden vom Karlsruher Stadtzentrum ist der Rhein entfernt, wo sich einmalige Auenlandschaften und einer der größten Binnenhäfen Deutschlands finden. Daxlanden, Mühlburg und Knielingen heißen die einst selbstständigen Dörfer dort – Stadtteile, die alle älter als Karlsruhe selbst sind und ihre eigene Handschrift haben.

Zu den ältesten zählt **Mühlburg**, das schon 1670 Stadtrecht erhielt. Mit der Gründung Karlsruhes verlor die Stadt aber an Bedeutung, die 1886 mit der Eingemeindung unter Karlsruhes Fittiche schlüpfte. Carl Benz (1844–1925) wurde hier geboren, der Automobil-Pionier, an den eine Gedenktafel an seinem Geburtshaus erinnert. Auch die Schriftstellerin Marie Luise Kaschnitz (1901– 1974) lebte lange Zeit in Mühlburg.

Westlich von Mühlburg liegt der **Rheinhafen**. Er wurde 1901 angelegt und besteht heute aus einer Handvoll Hafenbecken mit großem Containerterminal. Auf sieben Kilometer Länge schlagen Kräne und Bagger an seinen Kaianlagen jährlich viele Millionen Tonnen Güter um – allen voran Kohle, Stahl, Schrott, Baustoffe, Futtermittel und Getreide. Da vergisst man schnell, dass die Karlsruher den Hafen anfangs mehr als Schwimmbecken oder im Winter zum Eislaufen nutzten.

Im Norden des Nachbardorfes **Knielingen**, dem urkundlich ältesten Karlsruher Stadtteil, findet sich der **Ölhafen**. Er entstammt den späten 1950er-Jahren und bietet heute knapp fünf Millionen Kubikmeter Flüssiggütern Platz. Im benachbarten Ölzentrum werden die riesigen Mengen Rohöl verarbeitet, die über eine feste Leitung Tag und Nacht aus Marseille nach Karlsruhe fließen. Fast die Hälfte des süddeutschen Ölbedarfs wird hier umgeschlagen.

Früher waren in Knielingen Fischer, Schiffer und Bauern zu Hause. Aber auch Goldwäscher, die im Rhein fündig wurden, als sich der Fluss noch in vielen Windungen kreuz und quer durch die Niederungen schlängelte, ehe der in Karlsruhe geborene Johann Gottfried Tulla (s. S. 53) 1817 mit dessen Regulierung begann. 1835 setzte ihm der Markgraf ein Denkmal, das heute zwischen Knielinger See und Rhein steht.

037 kr-gs

Frühstück oder Kaffeepause im Künstleratelier

Wer gern mit Künstlern plaudert und ihnen bei ihrer Arbeit auch einmal über die Schultern schauen will, ist im Ateliercafé im Stadtteil Mühlburg an der richtigen Adresse. Vanille-Aprikosen-Zopf, Apfelknoten, Quark-Hörnchen, Rüblitorte und anderen Leckereien werden dort neben salzigem Gebäck wie Pfefferbrötchen, Schnittlauchbrot, Chili-Oliven-Brötchen oder Laugengebäck serviert. Außerdem kann man Ana und Anda bei der Fertigung von Krawatten, Fliegen, Kummerbunden und Schals aus Seide zusehen, welche sie in aufwendiger Handarbeit herstellen, allesamt Einzelstücke übrigens. Offen steht das Atelier fast jeden Tag, allerdings sollte man sich zur Sicherheit vorher telefonisch anmelden!

○5 **Ateliercafé ANA & ANDA**, Gablonzer Str. 11, Tel. 0721 8306129, http://ateliercafe.anaundanda.de

Südlich von Mühlburg liegt das 1910 eingemeindete **Daxlanden**, auch das einst Heimat von Fischern und Schiffern. Sankt Valentin ist die barocke Kirche geweiht. Das Restaurant **Künstlerkneipe** (s. S. 78) zeugt von Zeiten, als sich Karlsruher Landschaftsmaler hier die Klinke in die Hand gaben. Ganz am Rhein, auf einer Altrheininsel, liegt das beliebte **Rheinstrandbad Rappenwört** (s. S. 123). Mit drei Becken ist es eines der größten Karlsruher Freibäder. Es entstammt den 1920er-Jahren und ist architektonisch an der Bauhaus-Architektur der Dammerstock-Siedlung ㉔ orientiert. Vor allem im Sommer drängen sich hier Alt und Jung. Außerhalb der gewöhnlich im Mai beginnenden Badesaison ist das weiträumige Gelände für Spaziergänger zugänglich.

In Karlsruhes äußerstem Westen finden sich mit dem **Altrhein Maxau** (35 ha) und der **Burgau** (289 ha) auch zwei bedeutende **Naturschutzgebiete**, die über die Straßenbahnhaltestelle „Rheinbrücke" auch mit öffentlichen Verkehrsmitteln von der Stadt aus erreichbar sind. Hier kann man erahnen, wie die Flusslandschaft einmal ausgesehen hat, in der sich Fischotter, Biber und viele andere Tiere wohlfühlten. Seltene Vögel wie Teichrohrsänger oder Eisvogel sind hier noch heute zu Hause. Viele Tausend Wasservögel nutzen zudem den Knielinger See zum Überwintern oder zur kurzfristigen Rast auf dem Weg Richtung Süden oder Norden.

◁ *Ländliche Idylle im Vorort Daxlanden*

▷ *Für Kanuten und Paddler sind die Rheinauen ein Paradies*

Entdeckungen im Umland

26 Ettlingen ★★★

Immer einen Ausflug wert ist Ettlingen, die selbstständige Kreisstadt im Albtal. Das liegt nicht nur an dem barocken Schloss und den alten Brunnen in der Stadt, sondern auch an vielen mittelalterlichen Zeugen seiner Historie. Besucher der Altstadt erwartet eine ausgeschilderte Tour, in deren Rahmen man die Geschichte Ettlingens sozusagen erlaufen kann. Fast zweitausend Jahre kann man so Revue passieren lassen.

An die Römer erinnert neben dem **Neptunstein**, einem Buntsandstein aus dem zweiten oder dritten Jahrhundert, die **Ruine eines Bades** unter der **Martinskirche**, das die Franken als Grablege für ihre Toten nutzten. Über das Bad wurde schließlich eine erste Kirche errichtet, der heute älteste Bau der Stadt, von dem allerdings nur noch ein paar unterirdische Mauerreste vorhanden sind. Nach seiner Zerstörung im Pfälzischen Erbfolgekrieg wurde das Gotteshaus als barocke Hallenkirche mit einer prunkvollen Westfassade wieder aufgebaut.

Vermutlich um 1192 hatte **Kaiser Heinrich VI.** Ettlingen das Stadtrecht verliehen, dessen Bürger trotz wechselnder Herrschaften immer selbstbewusst waren und ihren Stolz mit immer neuen Brunnen dokumentierten. Zum Beispiel mit dem **Narrenbrunnen**, der einen Hofnarren im Gewand eines Landsknechts zeigt. Etwas älter ist der spätgotische **Markt- oder Georgsbrunnen** mit dem heiligen Georg als Hüter der Marktgerechtigkeit. Sehenswert sind auch das alte barocke **Rathaus** und die Reste der **Stadtbefestigung**.

Publikumsmagnet aber ist das **Ettlinger Schloss**, das Barockschloss im Zentrum. Es geht auf eine mittelalterliche Burg zurück, von der noch Reste des Burgturms im Schlosshof zu sehen sind. Zu den ältesten Teilen des Schlosses zählen zudem die unteren Geschosse des Südflügels und der Westflügel im Schlosshof. Erstmals schriftlich erwähnt wird die Burg in einem Testament des Markgrafen Bernhard aus dem Jahr 1410.

Der einst dreiflügelige Renaissancebau wurde im Pfälzischen Erbfolgekrieg zerstört und von der Markgräfin Augusta Sibylla, der Witwe des sogenannten Türkenlouis, Markgraf Ludwig Wilhelm, durch ein vierflügeliges **Barockschloss** ersetzt. Zu seinen Preziosen gehören die **Schlosskapelle**, die dem böhmischen Heiligen Johannes von Nepomuk gewidmet ist. Dreißig einmalige Fresken zeigen seine Leidensgeschichte. Sie stammen von **Cosmas Damian Asam** (1686–1739), einem der bedeutendsten spätbarocken Wand- und Deckenmaler Deutschlands und bilden heute den passenden Rahmen für klassische Konzerte.

Repräsentativen Zwecken dient auch der zweite große Schlossraum, der sogenannte **Rittersaal** mit seinem prächtigen Kronleuchter. Der Schlosshof bietet die sommerliche Kulisse für die Ettlinger Schlossfestspiele. Dort auch findet sich mit dem **Delphinbrunnen** von 1612 ein weiterer Renaissancebrunnen.

Nach dem Tod der Markgräfin Augusta Sibylla wurde das Schloss kaum noch genutzt, seine Säle dienten mehr als Lagerplatz, denn als Gästehaus wie etwa 1805 für den französischen Kaiser Napoleon. Im

19. Jahrhundert wurden die Räume vor allem militärisch in Anspruch genommen, ehe die Preußen das Schloss 1912 für 152.000 Goldmark an die Stadt Ettlingen verkauften. Die brachte darin unter anderem eine Schule, verschiedene Ämter und das Albgaumuseum unter.

Ende der 1960er-Jahre begann man mit der mehrjährigen **Generalsanierung** des Schlosses, das heute eine Kinderkunstschule, ein Trauzimmer, die Stadtinformation und verschiedene Tagungs- und Verwaltungsräume beherbergt. Den meisten Platz im Schloss aber beanspruchen die verschiedenen Abteilungen und Ausstellungsräume des **Museums Ettlingen,** das neben der Geschichte der Region von der frühen Steinzeit bis ins dritte Jahrtausend auch deren Kunst ab 1900 dokumentiert. Im Kellergewölbe verweisen archäologische Ausgrabungen u. a. mit merowingischen, römischen und fränkischen Funden auf die Frühzeit Ettlingens. An der alten Stadtmauer findet sich die Außenstelle des Museums Ettlingen, das **Museum am Lauerturm** (Mai–Sept. So 14–17 Uhr). In der

ehemaligen Scheune aus dem 18. Jahrhundert erinnert eine umfangreiche Sammlung von Geräten und Bildern an die bäuerliche Zeit der Stadt im vorletzten Jahrhundert.

Einkaufsbummler kommen in der lebhaften **Fußgängerzone** auf ihre Kosten. Und hohen Freizeitwert genießt Ettlingens **Albgaubad,** eines der attraktivsten Bäder in der Region. Zur Anlage gehört ein großes Hallenbad mit einem 25-m-Schwimmbecken, einem Sprungbecken und einem Nichtschwimmerbecken mit Massagedüsen, Schwallbrunnen und einer Kleinkinderröhrenrutsche. Der Wellnessbereich bietet eine Saunalandschaft mit Sanarium, finnischen Saunen, Dampfbad, Whirlpool, Kalttauchbecken, Erlebnisduschen, Fußwärmebecken und großzügigen Ruhezonen, dazu einen Barfußweg und ein Außenbecken mit mindestens 31 °C Wassertemperatur. Das benachbarte Freibad bietet von Frühjahr bis Frühherbst ein 50-m-Schwimmbecken,

⌂ Die Martinskirche am Ufer der Alb ist das älteste Gebäude der Stadt

Der Erbprinz – Jahrhunderte-lange Gastlichkeit

Ettlingens erste Adresse für alle Fein-schmecker und Genießer ist das nur ein paar Schritte vom Schloss entfernte Hotel-Restaurant Erbprinz. Seit dem 18. Jahrhundert, darauf ist man stolz, küm-mert man sich hier um das Wohl der Gäste. Kulinarisch punktet das **Sternere-staurant**, das Platz für 30 Gourmets bie-tet, mit zwei Menüs: eines mit fünf und eines mit sieben Gängen. Weniger hoch-preisig geht es in der **Weinstube Sibylla** zu, einer jahrhundertealten gemütlichen Gaststube. Badisch-schwäbische Spezi-alitäten wie Schwarzwaldforelle, schwä-bischer Zwiebelrostbraten oder hausge-machte Maultaschen kommen hier auf den Tisch. Zum Erbprinzen gehören wei-ter ein **Luxushotel** mit großem Spa- und Beauty-Angebot und ein **Café** mit selbst-gemachten Pralinen, Torten und Kuchen. Die **Hotelbar** (tgl. ab 17 Uhr) lockt mit einer Davidoff-Lounge alle Raucher, vor allem aber Zigarrenfreunde.

🏨9 **Hotel-Restaurant Erbprinz** €€€, Rheinstraße 1, 76275 Ettlingen, Tel. 07243 3220, www.erbprinz.de, Di.–Sa. 18–22 Uhr, Weinstube Sibylla tgl. 12–22.30 Uhr, Café Mo.–Fr. 12–18, Sa., So. 14–18 Uhr

zahlreiche Rutschen und eine Erleb-nislandschaft mit Wasserfällen und Fontänen für die Jüngsten.

🔴6 **Albgaubad Ettlingen**, Luisenstr.14, Tel. 07243 101811, www.baeder-ett lingen.de, wechselnde Öffnungszei-ten für Frei- und Hallenbad sowie den Saunaanlagen

🏛7 **Museum Ettlingen**, Schlossplatz 3, Tel. 07243 101273, www.ettlingen. de, Sept.–April Mi.–So. 11–18 Uhr, Mai–August Mi.–So. 13–18 Uhr, 3 € (im Preis ist auch der Eintritt ins Museum am

Lauerturm eingeschlossen). Schloss-führungen mit Asam-Saal Sa. und So. 16 Uhr.

ℹ️8 **Stadtinformation Ettlingen**, Schlossplatz 3, 76275 Ettlingen, Tel. 07243 101380, www.ettlingen.de, Mai–August Mo.–Fr. 9.30–17.30, Sa. 9.30–13.30, Sept.–April Mo.–Fr. 9.30–16, Sa. 9.30–12.30 Uhr

㉗ Bad Herrenalb ★★

„Tor zum Schwarzwald" nennt sich Bad Herrenalb selbstbewusst. Sei-ne Einwohner allerdings fühlen sich mehr zu Karlsruhe hingezogen, wie sie in einem Bürgerentscheid Ende 2016 kundtaten, als sie sich mehr-heitlich für einen Wechsel des Städt-chens vom Landkreis Calw zum Land-kreis Karlsruhe aussprachen. Gut 30 Kilometer südlich von Karlsruhe und im Naturpark Schwarzwald Mit-te/Nord gelegen, punktet Bad Her-renalb gleich mehrfach. Zum einen mit frischer Luft und heißen Quel-len, was ihm die doppelte Auszeich-nung als „Heilbad" und „Heilklimati-scher Kurort" verdankt, zum anderen mit seinem historischen Stadtkern und einer schönen und waldreichen Umgebung.

An die Anfänge der Stadt erinnern die Reste des ehemaligen **Zisterzi-enserklosters**, das sich durch Zukauf und Schenkungen zu einem mächti-gen Klosterbetrieb entwickelt hatte. Ende des 15. Jahrhunderts gehör-ten 42 Dörfer zum Kloster und sorg-ten für Einnahmen. Vielfach zerstört und immer wieder aufgebaut, wurde es nach Einführung der Reformation aufgelöst. 1536 mussten alle Mön-che Bad Herrenalb verlassen. 1556 wurde das Kloster evangelische Klos-terschule, ehe man es Mitte des 17. Jahrhunderts endgültig aufgab.

Teile des Klosters stehen noch, vor allem das um 1200 errichtete sogenannte **Paradies**, die spätromanische Vorhalle. Der im 15. Jahrhundert entstandene gotische **Chor** der Abtei wurde 1739 zur evangelischen Kirche umgebaut, in die man nicht nur wegen des schönen Netzgewölbes und der Maßwerkfenster einen Blick werfen sollte. Links vom Altar findet sich das **Grabmal des badischen Markgrafen Bernhard I.** (1364–1431), ein Kenotaph (Leergrab) aus der Mitte des 15. Jahrhunderts. Zwei Engel halten dort den Ritterhelm mit Krone über das Haupt des Verstorbenen.

Dem Kloster schräg gegenüber dokumentiert ein kleines **Museum** die Tradition der sogenannten „Feier-

Albtalbahn

Karlsruhe und Bad Herrenalb, also die Rheinebene mit dem Schwarzwald, verbindet die Albtalbahn - eine Eisenbahnstrecke, auf der allerdings die Karlsruher Stadtbahnlinie S1 der Albtal-Verkehrs-Gesellschaft verkehrt. Voraussetzung dafür war die Umspurung der Schienenanlagen von Meter- auf Normalspur. Karlsruhe war damit Pionier einer Entwicklung, die inzwischen in fast ganz Europa regionale Eisenbahnlinien mit den Strecken städtischer Straßenbahnen verknüpft. Ihren Namen verdankt die Albtalbahn dem Fluss Alb, der sie auf ganzer Länge begleitet.

Die Ursprünge der Bahn reichen bis ins späte 19. Jahrhundert zurück, als die Badischen Lokal-Eisenbahnen eine Schienenstrecke von Karlsruhe nach Herrenalb einrichteten, die schon früh elektrifiziert wurde. Bereits ab 1870 gab es Pläne für eine Eisenbahn von Karlsruhe in den Nordschwarzwald, zumal sich das Albtal schon damals als beliebtes Ausflugsziel der Karlsruher erwiesen hatte und neue Industrieanlagen nach mehr Mobilität verlangten. Trotzdem sperrte sich Ettlingen anfangs gegen solche Pläne, fürchtete die Stadt doch, dass die neue Schienenstrecke nach Karlsruhe die Einge-

meindung Ettlingens nach sich ziehen könnte. Erst der Vorschlag, die Route als Schmalspurbahn anzulegen, konnte solche Bedenken entkräften.

Zwar entwickelte sich der Verkehr auf der Albtalbahn in den ersten Betriebsjahren positiv, doch schon bald nach dem Ersten Weltkrieg gerieten die Betreiber in finanzielle Schwierigkeiten - auch weil eine neue Omnibusverbindung zwischen Karlsruhe und Rüppurr dem Schienenbetrieb Konkurrenz machte. Im Gefolge der Weltwirtschaftskrise ging die Bahn bankrott und wurde erst in den 1930er-Jahren wieder aktiviert.

Nach dem Zweiten Weltkrieg wurde die Strecke, auf der auch heute noch auf Sicht gefahren wird, modernisiert und ab den späten 1950er-Jahren auf die Normalspur umgerüstet. Benötigten die Züge anfangs für die Strecke zwischen Karlsruhe und Herrenalb noch mehr als eine Stunde, sind die Bahnen auf der gleichen Strecke heute nur noch knapp 40 Minuten unterwegs. Für Wanderer und Radfahrer ist die Albtalbahn ideal. Sie bringt Erholungssuchende und Freizeitsportler von Karlsruhe nicht nur schnell in den Nordschwarzwald, sondern ermöglicht Radfahrern auch schöne Tagestouren auf dem Albtalradweg.
> *www.avg.info*

abendziegel". Es sind von Hand geformte und gebrannte Ziegel, die mit bestimmten Zeichen, Motiven und Symbolen versehen sind und zum Teil aus der klösterlichen Ziegelhütte stammen – kulturhistorische Zeugnisse aus dem 15. Jahrhundert.

Wanderer und **Radfahrer** finden in Bad Herrenalb und Umgebung eine Fülle von Wegen, auch beschilderte Nordic-Walking-Routen. Stramme Wanderer steigen von der Albquelle zur Teufelsmühle auf, von deren Aussichtsturm sich ein schöner Panoramablick über den Nordschwarzwald bietet. Im Hochsommer schweißtreibend kann auch der Aufstieg zum Falkenstein sein, wo sich Felskletterer fast das ganze Jahr über wohlfühlen.

Viel bequemer ist der **Klosterpfad** (www.klosterpfad.de) im Tal der Alb, der in gut 75 Minuten das ehemalige Zisterzienserkloster Bad Herrenalb mit dem einstigen **Benediktinerkloster Frauenalb** verbindet. Die ebenfalls zur Stauferzeit als „Marienzell" gegründete Abtei war für adelige Stiftsdamen gedacht und wie auch das Kloster in Bad Herrenalb immer wieder zerstört worden, mal durch Krieg, mal durch Brand. Ab 1672 erhielt Frauenalb sein barockes Gesicht. Mitte des 18. Jahrhunderts wurde die doppeltürmige Kirche geweiht, deren mächtige Ruinen – heute Ort kultureller Veranstaltungen (meist klassischer Konzerte) – noch immer beeindrucken. Nach der Aufhebung des Klosters 1803 wurden die Gemäuer als Militärlazarett und später als Fabrikhallen genutzt, ehe man ab Mitte des 19. Jahrhunderts ausgebrannte Ruinen zurückließ, die heute von einer Stiftung unterhalten werden.

Wer sich in Bad Herrenalb verwöhnen lassen will, ist in der **Siebentäler Therme** mit ihrer großen Bade- und Saunalandschaft richtig. 30 bis 35 Grad ist das Wasser warm, in dem es sich herrlich planschen lässt. Mit Whirlpool, verschiedenen Saunen und Dampfbädern lockt der Wellnessbereich. Kostenlos kann man die Kneipp-Anlagen in Klosternähe nutzen, wo sich ein Tretbecken neben einem Becken für kalte Armgüsse findet.

› Anreise: Von Karlsruhe aus erreicht man Bad Herrenalb mit der Albtalbahn (S1) in knapp 40 Minuten. Viel schneller ist man auch mit dem Auto nicht.

❶**10 Touristik Bad Herrenalb,** Rathausplatz 11, 76332 Bad Herrenalb, Tel. 07083 500555, www.badherrenalb.de, Mo.– Mi. und Fr. 9–12.30, 14–16.30, Do. 14–18, Sa. und feiertags 10–12 Uhr. Ab April organisieren die Touristiker jeden Sonn- und Feiertag bis in den Spätherbst geführte Wanderungen auf dem Klosterpfad.

★**11 Evangelische Klosterkirche,** Im Kloster 9, 76332 Bad Herrenalb, Tel. 07083 524255, www.bad-herren alb-evangelisch.de, Di.–So. 10–17 Uhr, Führungen von Ostern bis Erntedanksonntag Do. 10–11 Uhr

ⓜ**12 Museum Bad Herrenalb,** Im Kloster 2, 76332 Bad Herrenalb, Tel. 07083 8569, www.museum-bad-herrenalb.de, April–Dez. So. 14–17, Mitte Mai–Mitte Okt. Mi. 14.30–17 Uhr, Eintritt: 2,50 €

●**13 Siebentäler Therme,** Schweizer Wiese 9, 76332 Bad Herrenalb, Tel. 07083 92590, www.siebentaelertherme.de, Badewelt: Mo. 9–19, Di.–So. 9–22 Uhr, Wellnesswelt: Di.–Fr. 13–22, Sa., So. 9–22 Uhr, Eintritt ab 8,50 €. Do ist Damensauna.

▷ *Schloss Favorite, ein barockes Gesamtkunstwerk mit prachtvollen Gartenanlagen*

㉘ Schloss Favorite ★★★

Zwischen Baden-Baden und Rastatt befindet sich das Schloss Favorite, ein barockes Gesamtkunstwerk, das alle Kriege weitgehend unbeschadet überstanden hat. Eingebettet in eine wunderschöne Parklandschaft gibt es einen guten Eindruck davon, wie Deutschlands Großfürsten und ihre Gattinnen im 18. Jahrhundert lebten. Wegen seiner vielen mit blau-weißen Fliesen gekachelten Räume wird die Favorite auch gern als „Porzellanschloss" etikettiert. Publikumsmagnet sind die umfangreichen Sammlungen an chinesischem Porzellan und europäischen Fayencen.

Schloss Favorite ist der zu Stein gewordene Traum der badischen **Markgräfin Sibylla Augusta**, die sich gleich nach dem Tod ihres Gatten, des Markgrafen Ludwig Wilhelm von Baden-Baden, hierher zurückzog. Im neuen Schloss suchte die Witwe Trost, aber auch Zerstreuung auf Maskenbällen oder bei der Schweine-hatz im Schlossgarten, wie eines der Gemälde im Schloss zeigt.

Anno 1711 wurde das **dreigeschossige Bauwerk** mit seinen beiden Seitenflügeln fertig. Auffallend ist sein **Putz aus Kieseln und gebrochenen Steinen.** Die Legende erzählt, dass die Markgräfin während des Schlossbaus arme Kinder gebeten habe, in den Bächen und Flüssen der Region Kiesel zu sammeln. Für jedes Körbchen voller Steine gab es Geld und ein Stück Brot. Ganz den Worten der Bibel entsprechend, machte Sibylla Augusta so „Steine zu Brot" und ließ die Kiesel an der Schlossfassade anbringen.

Zwei große Freitreppen, gesäumt von Statuen, führen ins Obergeschoss. Auf dem Giebel prangt das **Wappen der baden-sachsen-lauenburgischen Allianz**, das Herrschaftszeichen der einstigen Schlossherrin. Es ist die Schauseite des Palastes, vor der sich der riesige **Schlossgarten** erstreckt. Ein Rundgang führt zu 49 ausgesuchten Bäumen wie dem japanischen

040kr-gs

Schnurbaum oder der Schirmmagnolie mit ihren großen Blüten.

Nach dem Vorbild des Schlosses von Versailles sind die Staats- und Repräsentationsräume zur Front hin orientiert. So wie das 1725 vollendete **Spiegelkabinett** der Gräfin Sibylla Augusta, ein Traum aus Glas und anderen teuren Ausstattungsmaterialien, den man vor einigen Jahren noch auf Hausschlappen queren durfte. Heute ist nur noch ein Blick durch die Tür auf den Raum mit seinen über 300 geschliffenen Spiegeln möglich, die damals ein Vermögen gekostet haben. Bilder an den Wänden zeigen die Hausherrin und ihren Gemahl in verschiedensten Kostümen, wie man sie im 18. Jahrhundert bei Hof auf den Maskenbällen trug.

Nicht weniger verschwenderisch ist das **Florentiner Kabinett** ausgestattet, das Appartement des Erbprinzen. Seinen Namen verdankt es den 55 wertvollsten der 785 Bildtafeln an den Wänden, die aus einer Werkstatt der Medici in Florenz stammen. Auch hier kann man nur einen Blick durch die Tür auf das in Europa einzigartige Kunstwerk werfen. Zwischen den beiden Appartementanlagen befindet sich der Fest- und Empfangssaal, eine sogenannte **Sala Terrena** wie sie in fast jedem barocken Schloss üblich war. Blau-weiße Fliesen, Imitationen der weltberühmten Delfter Kacheln, dominieren den Raum, in dessen halbrunden Nischen sich zwei große Skulpturen finden. Sie verkörpern Caritas, die christliche Liebe, und Justitia, die Gerechtigkeit. Zwei Tugenden, die für die Landesmutter Sibylla Augusta als fromme Katholikin von großer Bedeutung waren.

Besonders üppig war einst auch die Ausstattung der **Schlafzimmer**. Auch sie sind beim Rundgang zu sehen, z. B. das noch original erhaltene Paradebett der Markgräfin. Allerdings hatte das mit chinesischem Seidendamast und italienischem Silberbrokat bezogene Prunkbett mit seinem frei tragenden Himmel nur eine repräsentative Funktion. Geschlafen wurde in einfacheren Betten, die in angrenzenden Privaträumen standen. Der Schlossrundgang führt gegen Ende in die **Schauküche**, wo vor allem Töpfe und Pfannen zu sehen sind.

Höhepunkt jedes Schlossbesuches ist die **Porzellansammlung**. Es ist angeblich die weltweit größte Schau asiatischer und europäischer Fayencen, Gläser und Porzellanarbeiten. Prachtstücke sind die aus der Manufaktur in Meißen, zu deren ersten Kunden die Markgräfin gehört haben soll.

Beachtung haben auch die Bauten in der Umgebung des Schlosses verdient. Dazu gehören zwei Pavillons, vier Kavalierhäuser und die etwas abseits stehende Eremitage: ein achteckiger Bau mit einem Kranz kleiner Zimmer um eine zentrale Kapelle mit dem „Heiligen Grab".

❯ **Schloss Favorite,** Am Schloss Favorite 5, Rastatt-Förch, Tel. 07222 41207, www.schloss-favorite-rastatt.de, Mitte März–Ende Sept. Di.–So. 10–18, Okt.–Mitte Nov. Di.–So. 10–17 Uhr, Besichtigung nur im Rahmen von Führungen. Die knapp einstündigen Rundgänge finden gewöhnlich jede Stunde statt. Eintritt 8 €, Familien 20 €. Für Menschen mit Handicap ist die Schlossführung nur bedingt möglich. Fotografieren ist nicht gestattet. Hunde dürfen in den Schlosspark mitgenommen werden, allerdings nur an der Leine. Die Fahrzeit von Karlsruhe zum Schloss Favorite beträgt mit dem Auto gut 30 Minuten. Von Rastatt, das mit der S-Bahn von Karlsruhe erreichbar ist, verkehrt die Buslinie 241 nach Förch, von wo ein Fußweg zum Schloss führt.

29 **Rastatt** ★★

042 kr-gs

Seine historische Bedeutung ver-dankt Rastatt, eine 1705 zur Stadt erhobene Siedlung, der argen Zer-störung von Baden-Baden im Pfäl-zischen Erbfolgekrieg. Dessen da-mals regierender Markgraf verleg-te deshalb seine Residenz von der Oos an die Murg. Mit der Wende vom 17. zum 18. Jahrhundert entstand in Rastatt so ein repräsentatives Residenzschloss, zu dessen Füßen schließlich eine nach dem Vorbild von Versailles symmetrisch angeleg-te Stadt mit breiten Straßen und gro-ßen Plätzen angelegt wurde.

Knapp 50.000 Einwohner zählt Rastatt heute, das um 1084 als Ras-teten in einer Handschrift des Klos-ters Hirsau erstmals Erwähnung fand. 1404 wurde der Ort zum Markt-flecken erhoben und im Pfälzischen Erbfolgekrieg von den Franzosen fast völlig zerstört. Anschließend baute man die Siedlung wieder auf. Ihr Ge-sicht aber erhielt die Stadt erst, nach-dem **Ludwig Wilhelm von Baden** hier seine Residenz errichtet hatte. Noch mehr prägte seine Gattin **Sibylla Au-gusta** die Stadt, der Rastatt die ein-malige Schlosskirche verdankt. Sie wurde in den letzten Jahren gründ-lich renoviert und ist ab Juli 2017 wieder im Rahmen der Schlossfüh-rungen für die Öffentlichkeit zugäng-lich. Das 1722 entstandene riesi-ge **Deckengemälde** des Gotteshau-ses zeigt die Auffindung des Heiligen Kreuzes durch die Kaiserin Helena, als die sich die fromme Markgräfin Sibylla Augusta vom Maler des Bil-

⌂ *Detail des Raststätter Bernhardus-brunnnens vor der evangelischen Stadtkirche St. Alexander*

des hat verewigen lassen. 1733 wur-de die verstorbene Markgräfin auf ihren Wunsch in der Schlosskirche beigesetzt.

Augusta Sibyllas Reise in den Schweizer Marien-Wallfahrtsort Einsie-deln führte zum Bau der **Kapelle Ma-ria Einsiedeln**, meist Einsiedelner Ka-pelle genannt. Die Front des Baus in der Kapellenstraße erzählt Episoden aus dem Marienleben. Über der Tür halten zwei Putten das markgräfliche Wappen. Schlichter ist das Innere der Kapelle, die eine Kopie des Einsiedel-ner Gnadenbilds beherbergt: eine von Putten umgebene schwarze Madonna.

In der Blütezeit der Stadt entstand das 1721 vollendete **Rathaus.** Auf dem **Marktplatz** stehen zwei **Denk-mäler** in Brunnengestalt. Eines ist dem heiligen Alexius von Edessa ge-widmet, dem Schutzheiligen gegen Erdbeben, Blitz und Unwetter, und wurde 1739 nach zwei schweren Erd-beben in den 1720er-Jahren errich-tet. Der Johannes-Nepomuk-Brun-nen erinnert an den Schutzpatron der Markgräfin Sibylla Augusta.

Das heutige **Stadtmuseum** wur-de als Kavaliershaus für die ehe-maligen Hofbeamten errichtet. Es erzählt die Geschichte der Stadt –

von der barocken Gründung bis zur Gegenwart. Prunkstück im Erdgeschoss ist eine astronomische Uhr. Wertvolle Handschriften und Inkunabeln birgt die **Historische Bibliothek** des Ludwig-Wilhelm-Gymnasiums, eine der bedeutendsten deutschen Schulbibliotheken.

Zu den weiteren Sehenswürdigkeiten in Rastatt gehört die **ehemalige Bundesfestung**, deren Anlagen einst die Stadt umschlossen und während der Badischen Revolution Mitte des 19. Jahrhunderts eine wichtige Rolle spielten. Sie wurde 1890 aufgegeben und anschließend größtenteils abgerissen. Die 1854 fertiggestellte, inzwischen unter Denkmalschutz stehende Frucht- und Mehlhalle der ehemaligen Bundesfestung ist heute Sitz der **Städtischen Galerie**, die sich auf „Kunst in Baden nach 1945" spezialisiert hat. Seit 1992 ist Rastatt zudem Standort eines großen Werks von **Mercedes-Benz**, das werktags kostenfrei besichtigt werden kann.

Zur Verwaltungsgemeinschaft Rastatts gehört auch die an der Murg gelegene Gemeinde **Steinmauern**. Hier wurde jahrhundertelang das im Schwarzwald geschlagene Holz angelandet und für den Transport Richtung Holland zu großen Flößen zusammengestellt. Im Rathaus von Steinmauern erzählt ein **Museum** von diesen Zeiten. Neben Schautafeln zur Geschichte der Flößerei sind dort auch viele originale Gegenstände wie Flößerstiefel, Nägel und Werkzeuge zu sehen.

❯ Rastatt liegt knapp 30 Kilometer südlich von Karlsruhe. Der dortige Bahnhof ist mit der Bahn aus Karlsruhe in einer guten Viertelstunde zu erreichen.

❶14 **Touristinformation Rastatt,** Herrenstr. 18 (am Schloss), 76437 Rastatt, Tel. 07222 9721220, www.rastatt.de, April–Okt. Mo.–Fr. 9–17, Sa. 10–14 Uhr, Nov.–März Mo.–Fr. 10–16 Uhr

▥15 **Flößereimuseum Steinmauern,** Hauptstr. 82, Tel. 07222 92750, www.steinmauern.de, Feb.–Dez. jeden ersten So. im Monat 14–17 Uhr

▥16 Historische Bibliothek, Lyzeumstr. 11, Tel. 07222 728420, www.rastatt.de, Mo.–Do. 9–12 und 14–15 (Mi. bis 17), Fr. 9–12 Uhr, Sonderausstellungen: So. 11–17 Uhr, Eintritt: 3 €

★17 Mercedes-Benz Werk Rastatt, Gottlieb-Daimler-Straße, www.mercedes-benz.de, Tel. 07222 9123388, Werksführung: Mo.–Fr. 9–10.15 und 14.30–15.45 Uhr. Intensivtour: Mo.–Fr. 9.30–11.30 und 13.30–15.30 Uhr, nicht für Kinder unter 8 Jahren

▥18 Städtische Galerie Fruchthalle Rastatt, Kaiserstr. 48, Tel. 072 229728410, www.rastatt.de, Do.–Sa. 12–17, So. 11–17 Uhr, Eintritt frei

▥19 Stadtmuseum Rastatt im Vogelschen Haus, Herrenstr. 11, Tel. 07222 9728400, www.rastatt.de, Do.–Sa. 12–17, So. 11–17 Uhr, Eintritt: 3 €

⓿ Residenzschloss Rastatt ★★★

Das unumstrittene Wahrzeichen von Rastatt ist das ehemalige Residenzschloss, dessen Vorbild das Schloss des französischen „Sonnenkönigs" Ludwig XIV. in Versailles war. Weil es niemals zerstört wurde und nach dem Abdanken der badischen Markgrafen auch kaum genutzt wurde, gilt es als eines der am besten erhaltenen deutschen Barockschlösser. Es beherbergt heute die Erinnerungsstätte für die Freiheitsbewegungen der deutschen Geschichte, gewöhnlich „Freiheitsmuseum"

▷ *Das Residenzschloss glänzt auch von der Rückseite*

genannt, und das Wehrgeschichtliche Museum. Das eine beleuchtet die Rolle des Militärs in der (südwestdeutschen) Gesellschaft, das andere die wichtigsten deutschen Volkserhebungen – von den Bauernkriegen des 16. Jahrhunderts bis zum Fall der innerdeutschen Mauer 1989.

Ende des 17. Jahrhunderts ließ **Markgraf Ludwig Wilhelm** für sich und seine Gattin ein Schloss bauen, das sie 1705 bezogen. Rund 12 Millionen Gulden steckte der Herrscher in den Prachtbau, mit dem er die Deutschen zu beeindrucken suchte. Es war seine Art, Macht zu zeigen, nachdem seine Erfolge im Kampf gegen die Türken öffentlich nur wenig gewürdigt worden waren.

Allerdings hatte der „Türkenlouis", wie man ihn seiner militärischen Siege wegen nannte, nur wenig von seiner Rastatter Residenz. 1707, die Stuck- und Malerarbeiten waren gerade abgeschlossen, starb er an einer Kriegsverletzung. Wegen erheblicher Baumängel musste das Schloss im Lauf der Jahre immer wieder umgebaut und erweitert werden. Seine barocke Frühform aber behielt es bis heute.

In der Regel betritt man das Schloss durch das große **Portal**, das einst auch den Kutschern als Einfahrt diente. Hier wurden alle Gäste empfangen. Breite Treppen führen in die **Beletage**, wo sich die barocke Pracht am augenfälligsten spiegelt. Im Vorraum zum sogenannten Ahnensaal steht die Originalfigur des römischen Gottes **Jupiter**, dessen golden glänzende Kopie heute auf dem Dach des Schlosses thront. Das vergoldete Original, die Arbeit eines Augsburger Goldschmieds, hatte Sibylla Augusta 1723 in Erinnerung an ihren in militärischen Schlachten meist erfolgreichen Gatten Ludwig Wilhelm auf das Dach des Schlosses gestellt. Der höchste römische Gott, mit gebündelten Blitzen gegen jeden Feind gewappnet, wurde so zum Symbol für den Markgrafen, zum „goldenen Mann" für die Badener.

Besonders opulent zeigt sich der **Ahnensaal**, der vielleicht schönste Raum des Schlosses. Barock und Rokoko vereinen sich hier in beispielloser Weise. Nicht weniger prachtvoll zeigen sich die anschließenden **Privaträume** des Herrscherpaares, die Schlaf-, Wohn- und Audienzzimmer. Kostbarste Tapisserien aus einer Brüsseler Manufaktur sind da zu sehen, große gusseiserne Öfen und immer wieder Gemälde, die den Markgrafen in seiner Lieblingspose zeigen: mit Marschallstab und großer Allongeperücke. Im Schreibkabinett wurde Geschichte geschrieben, als der französische Marschall Villars und Prinz Eugen als Vertreter des Hauses Österreich im März 1714 den Vertrag zum sogenannten **Rastatter Frieden** unterzeichneten und so zum Ende des 1701 begonnenen Spanischen Erbfolgekriegs beitrugen.

Vom originalen Mobiliar ist leider so gut wie nichts mehr erhalten. Das Meiste wurde schon im 18. Jahrhundert versteigert oder verschwand sonst aus dem Schloss. Allerdings wurden viele Räume inzwischen wieder mit **zeitgemäßen Möbeln** ausgestattet. Sie vermitteln dem Besucher den Eindruck, dass sich in den prunkvollen Räumen seit Jahrhunderten nichts verändert hätte. Zu den wenigen noch erhaltenen Stücken gehören ein vierteiliger Tischaufsatz und eine Uhr, verziert mit Schmucksteinen und Schnitzereien aus Elfenbein. Nachgebaut wurde das Paradebett des Markgrafen in seinem Schlafzimmer, das allerdings nur repräsentative Funktion hatte – genau wie das seiner Gattin im Wohntrakt gegenüber.

Der Rundgang durch das Residenzschloss endet nahtlos im **Wehrgeschichtlichen Museum**, das 1934 als Badisches Militärmuseum eröffnet wurde. Auf rund 1500 m² gibt es einen Überblick über fast 500 Jahre südwestdeutsche Militärgeschichte. Zu sehen sind Hunderte militärischer Uniformen, Pickelhauben und Waffen aller Art – unter anderem ein preußischer Hinterlader von 1867, ein Vollrohr aus Gussstahl mit einer Schussweite von 3450 m. Ein großes Diorama zeigt das Modell der Bundesfestung Rastatt um 1860 und in einem anderen Raum stapeln sich Geschenke, die sich im 19. Jahrhundert Offiziere verschiedenster Regimenter machten: gravierte Säbel, Trinkbecher und Silberschalen zum Beispiel. Militärgeschichtlich Interessierte können hier Stunden verbringen, der Rest belässt es meist beim schnellen Durchgang.

Ebenfalls im Schloss findet sich die **Erinnerungsstätte für die Freiheitsbewegungen in der deutschen Geschichte**, eine Außenstelle des Bundesarchivs. Sie wurde 1974 auf Anregung des damaligen Bundespräsidenten Gustav W. Heinemann eingerichtet. Mit Dokumenten, Bildern, Objekten, Ton- und Filmmaterialien versucht sie, einen Eindruck vom schwierigen und oft Mut fordernden Kampf für Freiheit, Demokratie und Einheit zu vermitteln. Die Dauerausstellung gibt unter anderem Einblicke in Vorgeschichte, Erfolge und Ende der Revolution von 1848/49 und inzwischen auch über die Freiheitsbewegungen in der DDR von 1949 bis 1989.

❯ **Residenzschloss Rastatt Besucherzentrum,** Herrenstr. 18–20, Tel. 07222 978385, www.schloss-rastatt.de, April–Okt. Di.–So. 10–17, Nov.–März Di.–So. 10–16 Uhr, Eintritt: 7,50 €, Familien 18,70 €, Verbundtarif mit Schloss Favorite **28**: 13 €. Mit der Bahn von Karls-

043 kr-gs

ruhe zum Bahnhof Rastatt. Von dort mit dem Bus bis zur Haltestelle „Schloss-park". Fußweg vom Bahnhof Rastatt zum Schloss ca. 15 Minuten. Die Innenräume und die Schlosskapelle sind nur im Rahmen von Führungen zu besichtigen. Hin und wieder gibt es Rundgänge im historischen Kostüm, kulinarische Erlebnisführungen, spezielle Angebote für Kinder und Familien sowie interessante Workshops. Das Schloss ist barrierefrei zugänglich. Im Schloss ist das Fotografieren nur in wenigen Räumen gestattet. Hunde sind im Schlosspark zugelassen, allerdings nur an der Leine.

› **Wehrgeschichtliches Museum,** Tel. 07222 34244, www.wgm-rastatt.de, April–Okt. Di.–So. 10–17.30, Nov.–März Di.–So. 10–16.30 Uhr

› **Erinnerungsstätte für die Freiheitsbewegungen in der deutschen Geschichte,** Tel. 07222 771390, www.bundesarchiv.de/erinnerungsstaette, So.–Do. 9.30–17, Fr. 9.30–14 Uhr

⌂ *Gartenfront des Schlosses in Bruchsal, der einstigen Residenz der Speyrer Fürstbischöfe*

㉛ Schloss Bruchsal mit Musik-automaten-Museum ★★★

Nur ein paar Autominuten nördlich von Karlsruhe liegt Bruchsal, dessen Schloss immer eine Stippvisite wert ist: ein barockes Meisterwerk, das kurz nach dem Bau des Karlsruher Schlosses entstanden ist. Sein Baumeister war Balthasar Neumann, der mit der Würzburger Residenz eines der schönsten Barockensembles der Welt schuf. Im Zweiten Weltkrieg stark zerstört, wurde das Bruchsaler Schloss bis 1975 weitgehend originalgetreu wieder aufgebaut. Heute beherbergt es das Deutsche Musikautomaten-Museum, eine der weltweit größten öffentlichen Sammlungen selbstspielender Instrumente, und Bruchsals Städtisches Museum, das die Geschichte der Region von der Steinzeit bis zur Gegenwart dokumentiert.

Schloss Bruchsal ist das einzig **fürstbischöfliche Barockschloss** am Oberrhein. 1722 hatte der Speyrer Kardinal Damian Hugo Philipp von Schönborn-Buchheim (1676–1743) seinen Grundstein gelegt. Er war geistlicher und weltlicher Herrscher

Ausflugsziel Nordschwarzwald

Von Karlsruhe aus ist man meist nur ein knappes Autostündchen oder eine Straßenbahnfahrt weit weg vom Schwarzwald, genauer von seinem Norden. Hier sind die Wälder geschlossener als in seinem südlichen Teil und es regnet oder schneit auch häufiger als dort. Mit jährlichen Niederschlagsmengen bis zu 2700 mm gehört die Region zu den niederschlagsreichsten Deutschlands. Regen und Schnee, fast gleichmäßig über das ganze Jahr verteilt, garantieren Farn, Bärlapp und Moos ideale Wachstumsbedingungen. Wanderer sollten sich immer auf raschen Wetterwechsel einstellen. Andererseits offerieren die Berge im Herbst und Winter vor allem auch dann oft sonnige Tage, wenn zäher Nebel die Rheinebene im Griff hat.

*Der gesamte Nordschwarzwald ist heute **Teil des Naturparks Schwarzwald Mitte/Nord**. Seit 2014 ist er teilweise auch als **Nationalpark** ausgewiesen, in dessen Gestaltung der Mensch künftig nur noch wenig oder gar nicht eingreifen darf. Gerade deshalb war die Schaffung des Naturparks politisch umstritten und seine Gegner, allen voran die Holzindustrie, taten ihn als Prestigeobjekt rot-grüner Landespolitik ab. Die Besucher stört das weniger. Sie haben Fichten, Tannen und Buchen, die sich auf den nährstoffarmen Buntsandsteinböden besonders wohl fühlen, längst ins Herz geschlossen, ebenso wie die tierischen Bewohner im Nationalpark - vom Specht bis zum Borkenkäfer, vom Wanderfalken bis zum Sperlingskauz, der kleinsten Eule Europas. Zu den Tieren, auf die der Wanderer mit etwas Glück trifft, gehören außerdem Reh, Hirsch und Wildschwein, Baummarder und Gartenschläfer. Nicht zu überhören sind die vielen Vögel, darunter auch seltene Sänger wie Ringdrossel, Wiesenpieper, Zitronenzeisig, Fichtenkreuzschnabel, Gartenrotschwanz oder Tannenhäher. Und auch das Auerhuhn ist im Nationalpark zu Hause, ebenso wie die seltene Kreuzotter, neben der Aspisviper die einzige in Deutschland heimische Giftschlange.*

*Das ganze Jahr über bietet der Nordschwarzwald vielfältige Freizeitmöglichkeiten. Von Experten begleitete **Wanderungen** aller Schwierigkeitsgrade zum Beispiel. Ein neuer abenteuerlicher Weg ist der **Albtal. Abenteuer.Treck** in der Nähe von Bad Herrenalb mit zum Teil durch Seile gesicherten Steilhangpassagen - eine schweißtreibende Route mit fast 1000 Höhenmetern, die nur ganz dezent mit Sprühmarkierungen gekennzeichnet ist (mehr unter: www.outdoor active.com).*

***Wintersportfreunde** kommen beim Langlauf ebenso auf ihre Kosten wie beim Schneeschuhwandern, zu dem die Ranger ebenfalls hin und wieder einladen. Wintersportzentrum ist der **Mehliskopf** (s. S. 124) mit seinen Liften und einer Bobbahn, aber auch rund um **Baiersbronn** finden sich für Winterwanderer schöne Wege. Preiswerte Schwarzwald-Touren erlaubt das sogenannte **Nationalparkticket**, das in Zusammenarbeit mit dem Karlsruher Verkehrsverbund (KVV) entwickelt wurde und für Busse und Bahnen in der Region gilt. 2,40 € kostet das einfache Tagesticket, Gruppentickets für fünf Personen 9,20 €. Es ist die beste Art, den Schwarzwald zu erobern!*

❯ *Nationalpark Schwarzwald,*
Schwarzwaldhochstraße 2, See-
bach, Tel. 07449 92998444, www.
schwarzwald-nationalpark.de,
Mai–September Di.–So. 10-18 Uhr,
Okt.–April Di.–So. 10-17 Uhr. Das
Zentrum bietet das ganze Jahr über
Exkursionen unter fachkundiger
Führung von Biologen, Förstern
oder Rangern. Anreise: Autofahrer
brauchen von Karlsruhe zum Nati-
onalpark-Zentrum eine gute Stun-
de. Deutlich länger ist man mit
Bahn und Bus unterwegs.

Vorsicht Zecken!

Der Nordschwarzwald gehört zu
den deutschen Zeckenrisikogebieten.
Die meiste Zeit des Jahres, vor allem
im Frühjahr und Herbst, besteht Ge-
fahr, von einer Zecke gebissen zu wer-
den. Sie können eine Vielzahl von In-
fektionskrankheiten auf den Menschen
übertragen - zum Beispiel Borreliose
oder Frühsommer-Meningoenzepha-
litis, kurz: FSME. „In der Regel ist es
nicht die Zecke, die auf den Menschen
zuläuft, sondern der Mensch, der sich
die Zecken von der Vegetation abstreift.
Demzufolge erhöht häufiger Kontakt
mit niedriger Vegetation die Wahr-
scheinlichkeit, eine Zecke einzufan-
gen", heißt es beim Robert-Koch-Insti-
tut. „Auch wer abseits der Wanderwe-
ge durch Gebüsch geht, hat ein erhöh-
tes Risiko". FSME-Viren können beim
Menschen grippeähnliche Symptome
hervorrufen. In schweren Fällen führen
sie zu Hirnhautentzündungen. Anders
als bei Borreliose gibt es für FSME nach
einer Infektion keine Gegenmittel. Für
Urlauber bietet sich unter Umständen
ein zeitlich begrenzter Impfschutz an.

zugleich, ein absolutistischer Machthaber, der nach längeren Auseinandersetzungen mit den protestanti-
schen Speyerer Stadtvätern in Bruchsal einen Neuanfang wagte. Die erste
Planung der dreiflügeligen Schlossanlage begann ein Kurmainzer Oberbaudirektor, ehe **Balthasar Neumann**
1731 die Bauleitung übernahm und
mit dem zu den beiden großen Fest-
sälen führenden Eingangsbereich
eine der schönsten Treppenanla-
gen Europas schuf. Die meisten der
detailreichen **Schlossfresken** schuf
der italienische Kunstmaler Giovan-
ni Francesco Marchini, ein Meister
der Illusionsmalerei, der mit dem Pin-
sel Vorsprünge an die Wand zauber-
te. Vollendet wurde die Innengestal-
tung des Schlosses aber erst in den
1750er-Jahren.

Von Frühjahr bis Herbst gehört
auch der **Schlossgarten**, der ganz
auf das Hauptgebäude des Schlosses ausgerichtet ist, zu den Besuche-
rattraktionen. Er wurde, heißt es in
Bruchsal, als Fortsetzung der Wohn-
räume im Freien angesehen. Die
Pflanzen, Wasserspiele und Skulpturen sollten Macht und Ansehen der
einstigen Fürstbischöfe repräsen-
tieren. Der erst Anfang des Jahrtausends neu angelegte barocke **Rosengarten** dient heute als Schaugarten,
in dem sich Rosenliebhaber Ideen
für die Gestaltung ihres Gartens ho-
len können. Schloss und Gartenanlagen kann man auf eigene Faust oder
im Rahmen von Führungen erkunden. Immer wieder auch gibt es kos-
tümierte Sonderführungen, die dem
Gast das Eintauchen in die Zeit des
Barock erleichtern.

Sehenswert, vor allem aber hörens-
wert, sind die vielen Hundert Exponate
te des **Deutschen Musikautomaten-
Museums**, das auf drei Schlosseta-

gen Musik- und Mediengeschichte dokumentiert. Im Erdgeschoss zeugen von Walzen getriebene sogenannte **Flötenuhren** – mechanische, mit kleinen Orgeln kombinierte Uhren – vom „Lifestyle" des ausgehenden 18. Jahrhunderts. Sie waren in den Häusern des Adels und gehobenen Bürgertums ebenso zu Hause wie in großen Gaststätten und gelten als die ersten populären Tonträger, für die Komponisten wie Händel, Haydn, Mozart oder Beethoven eigene, kurze Werke schrieben. Bilder geben Einblicke in die Flötenuhren-Werkstätten von einst, wo Uhren- und Spielwerkebauer manches Prunkstück schufen.

Noch mehr her machten schließlich die **Orchestrien**: selbst spielende Instrumente wie sie im 19. Jahrhundert Mode waren und ihre Klänge wie Drehorgel oder Spieluhr mithilfe von Stiftwalzen aus Holz, Notenrollen oder gelochten Scheiben erzeugten. In Stummfilmzeiten dienten sie zur Untermalung der bewegten Bilder. Wie die Flötenuhren wurden auch die

△ *Orchestrion aus dem Jahr 1912 im Deutschen Musikautomaten-Museum*

Orchestrien in mühevoller Handarbeit hergestellt. Zu den größten Schätzen des Museums zählen ein selbst spielender Flügel aus dem Besitz Konrad Adenauers, dessen Klangqualität noch heute fasziniert, und das historische Karussell „Die wilde Jagd", das man nicht nur bestaunen, sondern dessen Holzpferdchen man auch besteigen kann. Es macht Sinn, sich einer der **Führungen** anzuschließen, in deren Verlauf mancher Musikautomat auch geöffnet und zum Klingen gebracht wird – dann kommen auch die Ohren ganz auf ihre Kosten!

Wer sich für die Geschichte der Region interessiert, ist im **Städtischen Museum** an der richtigen Adresse. Kinder lieben Michi, einen kleinen Buben aus der Steinzeit, der Besuchern die Zeit um 6000 v. Chr. näherbringt, als auf dem benachbarten Michaelsberg die ersten Menschen siedelten.

Nach Norden riegelt das sogenannte **Damianstor** mit seinen Seitenflügeln die Schlossanlage ab. Es ist heute Ort verschiedenster Kunstausstellungen (Sa. 14–17, So. 11–17 Uhr, Eintritt frei, www.damianstor.de).

❯ **Schloss Bruchsal,** Schlossraum 4, Tel. 07251 742661, www.schloss-bruchsal.de, Di.–So. 10–17 Uhr, Eintritt inkl. Museen: 8 €, Familienkarte 20 €, Führungen im Schloss: Di.–Fr. 14, Sa./So. 12 und 14 Uhr, Führungen im Deutschen Musik-Automatenmuseum: 11 und 15 Uhr. Im Winter Führungen nur auf Anfrage. Anreise: Mit den S-Bahnen 31 und 32 in Richtung Bruchsal fährt man bis zur Haltestelle „Bruchsal Schlossgarten", von wo es nur ein paar Fußminuten zum Schloss sind.

❶ **20 BTMV Touristinformation,** Am Alten Schloss 22, 76646 Bruchsal, Tel. 07251 5059460, www.bruchsal.de, Mo.–Do. 9–17, Fr., Sa. 9–13 Uhr

KARLSRUHE ERLEBEN

Karlsruhe für Kunst- und Museumsfreunde

Kunst und Kultur wurden und werden in Karlsruhe großgeschrieben. Das war zu Zeiten des Markgrafen so, die Theater, Musik und Museen förderten – und das gilt auch heute noch, wo die Stadt Kultur als ein Grundrecht in ihren kulturpolitischen Leitlinien verankert hat – nicht zuletzt deshalb, weil Kultur inzwischen alle Bereiche des Lebens tangiert. Vorbei sind die Zeiten, als das kulturelle Leben vor allem auf die Bedürfnisse des Hofes zugeschnitten war.

Schon im ersten Schlossbau von 1715 gab es einen Theatersaal, in dem vor allem Barockopern zur Aufführung kamen. Als aus den Markgrafen Großherzöge wurden, stiegen die kulturellen Ansprüche. Voltaire, Herder, Goethe und Klopstock zählten ebenso zu den Gästen der Landesherren wie Gluck und Wieland. 1810 schuf man ein Großherzogliches Hoftheater, das 1847 ein Feuer zerstörte. Geschichte schrieb der danach neu gebaute Musentempel, auf dessen Spielplan sämtliche großen Bühnenwerke Shakespeares standen, dazu Dramen von Schiller und Goethe – vor allem aber Wagner-Opern, die Karlsruhes Ruf als Opernmetropole mehrten und ihm den Ruf als „Klein-Bayreuth" einbrachten. „Ein anständiger Mensch muss schon des klassischen Repertoires wegen alljährlich einige Monate in Karlsruhe leben", schrieb der Musiker und Komponist Johannes Brahms, dessen dritter Satz seines „Deutschen Requiems" in Karlsruhe entstanden sein soll.

Im Lauf der Jahre entstanden auch mehr und mehr Museen, Bibliotheken, kulturelle Vereinigungen und Gesellschaften, von denen viele bis heute das gesellschaftliche Leben prägen. Als Architekt machte Friedrich Weinbrenner (s. S. 28) von sich reden, dessen klassizistische Bauten bis heute das Stadtbild prägen. Ein knappes Jahrhundert später war es der Jugendstil – in der Baischstraße inmitten der Stadt noch heute schön anzusehen. Inzwischen sind es alte Industriedenkmäler, aus denen Architekten neue Orte der Kreativität zauberten. So haben Kunst und Kultur im **Zentrum für Kunst und Medien** ⓲ oder dem **Alten Schlachthof** ㉑ neue Heimstatt gefunden – gefördert von engagierten Kulturpolitikern, welche die liberale Tradition der Stadt zu schätzen wissen.

Besonders groß schreibt man in Karlsruhe übrigens auch das Singen. Der **Bachchor Karlsruhe**, in der Evangelischen Stadtkirche ❼ beheimatet, ist der älteste und größte Oratorienchor der Stadt. Auch andere Pfarreien haben ihre eigenen **Chöre**, dazukommen Gospelgruppen und Schwulenchöre, studentische Gesangsgruppen und Kammerchöre, die das ganze Jahr über für musikalische Impulse

EXTRAINFO

Oberrheinischer Museumspass

Für Kunstinteressierte, die viel unterwegs sind, lohnt sich der Oberrheinische Museumspass. Für 98 € ermöglicht er den kostenfreien Zugang zu mehr als 300 Museen und Kultureinrichtungen im deutschen Südwesten, der Schweiz und Frankreich. Der ein Jahr gültige Pass ist in den beteiligten Museen und online erhältlich.
› www.museumspass.com

◁ *Vorseite: „Mit dem Fahrrad in den Biergarten" ist im Sommer das Karlsruher Freizeitmotto*

sorgen. Andere Vereine widmen sich Rock und Pop, elektronischer Musik, Tanz, Literatur, Geschichte und bildender Kunst.

Klassische Moderne bis Gegenwartskunst bietet Jahr für Jahr die **art KARLSRUHE** (www.art-karlsruhe.de), mit rund 50.000 Besuchern eine der größten deutschen Kunstmessen. Rund 200 internationale Galerien sind dort gewöhnlich mit über 10.000 Kunstwerken vertreten. Nicht zu übersehen sind auch die vielen studentischen Kunst- und Kulturaktivitäten. Sie sorgen dafür, dass es heute kaum eine Kunstrichtung oder kulturelle Strömung gibt, die in Karlsruhe nicht ihre Anhänger hätte.

Museen

🏛 **21** [E2] **Badischer Kunstverein,** Waldstr. 3, Tel. 0721 28226 www.badischer-kunstverein.de, Di.–Fr. 11–19, Sa., So. 11–17 Uhr, Eintritt: 3 € (freitags ab 14 Uhr Eintritt frei). Bis zu zehn Wechselausstellungen meist zeitgenössischer Kunst jährlich auf rund 1000 m² Ausstellungsfläche, dazu Vorträge, Konzerte, Filme und Performances.

🔴 [F1] **Badisches Landesmuseum.** Ausstellung im Schloss u. a. zur Geschichte, Kunst und Kultur Badens (s. S. 17).

🏛 **22 Badisches Schulmuseum (Waldenserschule),** Henri-Arnaud-Str. 7, Tel. 0177 7725500, www.badisches-schulmuseum.de, jeden 1. So. 13–17, jeden 2. Mi. im Monat 17–20 Uhr, Eintritt frei. Zwei alte Klassenzimmer aus dem 19. Jahrhundert und den 1950er-Jahren dokumentieren neben einer Lehrerwohnung von 1890 im Vorort Palmbach Schulgeschichte.

⓭ [E2] **Erinnerungsstätte Ständehaus.** Die Erinnerungsstätte beschäftigt sich mit der langen demokratischen Tradition der Stadt und des Landes (s. S. 35).

🏛 **23** [F2] **Museum beim Markt,** Karl-Friedrich-Str. 6, Tel. 0721 9266514, www.landesmuseum.de, Di.–Do. 11–17, Fr.–So. 10–18 Uhr. Außenstelle des Badischen Landesmuseums mit Sammlungen zur angewandten Kunst, darunter wertvolle Objekte des Bauhauses und des Jugendstils.

❯ **Museum für Literatur am Oberrhein,** Prinz-Max-Palais ⓯ (s. S. 37), Tel. 0721 1334087, www.literaturmuseum.de, Di. 10–18, Do. 10–19, Fr. 10–18, Sa. 14–18, So. 11–18 Uhr. Erlebnis- und Lernort für alle an Literatur Interessierten, häufig Lesungen. Neben einer ständigen Ausstellung gibt es auch Wechselausstellungen zu literarischen, kunst- und kulturgeschichtlichen Themen.

△ Das Badische Landesmuseum will mit der neuen Sammlung „Weltkultur/Global culture" zum Dialog der Kulturen anregen

24 Pfinzgaumuseum Durlach, Pfinztalstr. 9, Tel. 0721 1334217, www.pfinzgaumuseum.de, Mi. 10–18, Sa. 14–18, So. 11–18 Uhr, Eintritt frei, Sonderausstellungen 2 €. In den Räumen der barocken Karlsburg wird in Durlach lokale Geschichte lebendig. Große Sammlung von Fayencen.

5 [E2] Staatliche Kunsthalle Karlsruhe. Bedeutendes Museum mit Gemälden aus acht Jahrhunderten, von denen einige Weltruhm genießen (s. S. 24).

2 Staatliche Majolika Manufaktur, Galerie und Museum in der Majolika. Dokumentation der Geschichte der einzigen staatlichen deutschen Keramikmanufaktur vom Jugendstil bis heute (s. S. 21).

10 [E3] Staatliches Museum für Naturkunde Karlsruhe. Dauerausstellung mit Fossilien, Mineralien und Präparaten einheimischer und exotischer Tiere, dazu ein Vivarium und viele Dioramen (s. S. 32).

18 [B4] Städtische Galerie Karlsruhe. Kunstschau auf drei Etagen in altem Industriebau, dazu eine ständige Schau Karlsruher Kunst ab dem 19. Jahrhundert, auch Gegenwartskunst (s. S. 44).

15 [D2] Stadtmuseum Karlsruhe. Stadtgeschichtliche Sammlung im Prinz-Max-Palais (s. S. 37).

25 [G4] Verkehrsmuseum Karlsruhe, Werderstr. 63, Tel. 0721 374435, www.verkehrswacht-karlsruhe.de, So. 10–13 Uhr, 3 €. Autos, Fahrräder, Motorräder und Modelleisenbahnen, ein Museum auch für Kinder.

26 Wasser- und Brunnenmuseum, im Wasserwerk Durlacher Wald, Wasserwerkstr. 4, Tel. 0721 5993202, Mi. 15–17 Uhr, Eintritt frei. Historische Exponate aus der Gründerzeit der öffentlichen Wasserversorgung wie eine Schaukelbadewanne aus Zink lassen alte Zeiten neu aufleben.

18 [B4] ZKM | Zentrum für Kunst und Medien. Neue Kunst und Medientechnologie in einer denkmalgeschützten ehemaligen Industriehalle (s. S. 44).

Kunstgalerien

27 [C4] Artlet Studio, Boeckstr. 4, Tel. 07221 66975793, www.artlet-studio.com, Öffnungszeiten je nach Ausstellung. Jüngste Karlsruher Galerie in ZKM-Nähe, die sich auf Skulpturen und Objekte spezialisiert hat.

29 [B4] Galerie Clemens Thimme, Lorenzstr. 2, Tel. 0160 94618776, www.galerie-thimme.de, Mi.–Sa. 14–18 Uhr. Moderner Siebdruck, Aquarelle, Lichtkunst, Fotografie, Zeichnungen etc.

047 kr.gs

☎30 [F4] **Galerie Knecht und Burster**, Baumeisterstraße 4, Tel. 0721 9374910, www.galerie-knecht-und-burster.de, Mi.–Fr. 15–18.30, Sa. 11–16 Uhr. Ausstellungsschwerpunkt sind Arbeiten von Absolventen der Karlsruher Kunstakademie.

☎31 [B3] **Galerie Rottloff**, Sophienstr. 105, Tel. 0721 843225, www.galerie-rottloff.de, Mi.–Fr. 14.30–19 Uhr. Renommierte Galerie mit Werken von mehr als drei Dutzend meist zeitgenössischer Künstler, regelmäßige Ausstellungen.

☎32 [F3] **gallery artpark**, Kriegsstr. 86, Tel. 0160 8740677, www.artpark.eu, Di.–Fr. 15–18, Sa.12–16 Uhr. Moderne, vor allem auch asiatische Kunst.

☎33 [G3] **Künstlerhaus**, Am Künstlerhaus 47, Tel. 0721 9374746, www.bbk-karlsruhe.de, Mi.–Fr. 17–19, Sa./So. 14–18 Uhr, feiertags geschlossen. Ausstellungsforum des Bezirksverbands Bildender Künstler und Künstlerinnen.

☎34 [D4] **Meyer Riegger**, Klauprechtstr. 22, Tel. 0721 821292, www.meyer-riegger.de, Mi.–Fr. 12–18, Sa. 11–14 Uhr. Galerie in der Südstadt mit moderner Kunst.

☎35 [E2] **Neue Kunst Gallery – Michael Oess**, Zirkel 32, Tel. 0721 1305721, www.neuekunst.de, Mi.–Fr. 14–19, Sa.11–14 Uhr. Contemporary Art in einem von Weinbrenner erbauten klassizistischen Innenstadthaus – von Gerd Mackensen bis Van Ray.

◁ *Keramische Kunst dominiert im Museum in der Majolika* ❷

Kunst unter freiem Himmel

Die Denkmäler, Brunnen, Monumente, Büsten, Skulpturen, Stelen und Kunstinstallationen in der Stadt sind unübersehbar. Sie stammen aus allen Epochen der Stadtgeschichte – von mittelalterlichen Heiligenfiguren und Grabmälern wie in Durlach bis zu modernsten Kunstwerken, welche den neuen Rang öffentlicher Kunst in der Stadt dokumentieren.

Mit über 200 **Brunnen** zählt Karlsruhe besonders viele Wasserspender, von denen fast fünfzig noch in Betrieb sind. Sie finden sich nicht nur an zentralen Innenstadtorten wie Stephan-, Ludwig-, Kronen- oder Marktplatz, sondern auch in vielen Stadtteilen. Zu den populärsten zählt der in den 1920er-Jahren entstandene **Indianerbrunnen** auf dem Werderplatz [F4], der Lokalhistorikern noch immer Rätsel aufgibt. Angeblich soll ein Sioux-Indianer, der mit einem Zirkus in Karlsruhe Station machte, dem Bildhauer Modell gestanden haben. Der mächtige Indianerkopf jedenfalls spielt auf die in der Südstadt lebenden Karlsruher an, die im Volksmund als „Südstadt-Indianer" verspottet wurden und anfangs vom neuen Kunstwerk gar nicht begeistert waren. Wie wichtig den Karlsruhern ihre Brunnen sind, zeigt das Wasser- und Brunnenmuseum (s. S. 74), das die Geschichte der Stadtbrunnen und die Anfänge Karlsruher Wasserversorgung dokumentiert.

Voller Vielfalt ist die Kunst im öffentlichen Raum, doch sie ist nicht immer leicht zu finden. Dutzende, vor allem modernere Werke sind in **Innenhöfen** wie im Bundesgerichtshof ⓮ oder der Landesbibliothek ⓫ versteckt, andere zwischen Universitäts- oder Fachhochschulbauten, die im Rahmen öffentlicher Förderungen besonders reich mit Kunst ausgestattet wurden. Auch Karlsruhes wichtigste Einkaufsachse, die **Kaiserstraße** ❻, wurde im Rahmen ihrer Umwandlung zur Fußgängerzone durch das eine oder andere Denkmal bereichert.

Reich mit Denkmälern gesegnet sind vor allem die städtischen Parkanlagen wie der **Schlossgarten** (s. S. 19) oder der **Stadtgarten** ❶❼, die schon früh vom Mäzenatentum profitierten. Menschen- und Tierfiguren begleiten den Besucher dort häufig auf seinen Wegen. Ein großer Teil der Denkmäler stammt aus Karlsruhes großherzoglicher Blütezeit – so wie das um 1900 entstandene **Denkmal für Prinz Wilhelm** (1829–1897), den Bruder des Großherzogs Friedrich I. von Baden, das heute am Rand des Botanischen Gartens steht. An **Bismarck**, den Reichskanzler, erinnert ein Denkmal, das sich heute in der Bismarckstraße [D1] vor dem Gymnasium findet, und **Kaiser Wilhelm I.** ist das große Denkmal auf dem Kaiserplatz [C2] am Eingang zur Kaiserstraße gewidmet. Viele Denk-

mäler erinnern auch an die **Opfer der nationalsozialistischen Zeit**, an ermordete Juden, erschossene Soldaten, Deserteure oder andere von den Nazis Hingerichtete.

Inzwischen hat aber auch die **Moderne** die Stadt erobert: in Gestalt farbiger Plastiken, stählerner Skulpturen oder eines großen bronzenen Throns hinter dem Schloss ❶ zum Beispiel. Und wie sehr sich der Denkmalbegriff in den letzten Jahrzehnten geändert hat, beweist der **Platz der Grundrechte** [F2] in der Fußgängerzone zwischen Marktplatz und Schloss. Dort findet sich eine über den gesamten Platz verteilte Installation von Emailleplatten. Es ist ein Werk des 1940 geborenen Konzeptkünstlers Jochen Gerz, ein Geschenk der Stadt Karlsruhe an das Bundesverfassungsgericht. 48 verschiedene Texte verweisen auf Recht und Unrecht – mit Aussagen von Richtern, Juristen und Bürgern, die mit dem Gesetz in Konflikt gerieten. Auch an 24 anderen, von Bürgern ausgewählten Standorten in der Stadt erinnern Texttafeln an humanistische Prinzipen und markieren so ein vom Bürgerwillen getragenes neues Denkmalverständnis, das nichts mehr gemein hat mit den monumentalen Großplastiken aus der Zeit der Großherzöge und Reichsfürsten. Übrigens: Wer sich für Karlsruhes öffentliche Kunstwerke interessiert, dem sei das vom städtischen Kulturamt herausgegebene Buch „Kunst im Stadtraum – Skulpturenführer für Karlsruhe" empfohlen, das alle wichtigen Denkmäler vorstellt.

◁ *Die Texte auf den Emailleplatten auf dem Platz der Grundrechte sollen das Rechtsbewusstsein schärfen*

Karlsruhe für Genießer

Wie in allen Großstädten hat der Gast auch in Karlsruhe stets die Qual der Wahl, denn es gibt Fisch und Fleisch, Obst, Gemüse, Nudeln und Kartoffeln satt. Davon zeugen vor allem die vielen Wochenmärkte (s. S. 91), die fast täglich irgendwo im Stadtgebiet zum Einkauf laden. Auch Vegetarier oder Veganer kommen in Karlsruhe immer auf ihre Kosten, was vor allem an den vielen Studierenden aus aller Welt liegt. Neben der badischen Küche, die vorwiegend in den Vororten und im weiteren Umfeld Karlsruhes gepflegt wird, gibt es ein breites internationales Angebot: von französischen über italienische und griechische bis zu indischen, japanischen oder thailändischen Restaurants.

Vor allem in der Innenstadt wird gekocht und gebacken, gegrillt und gebrutzelt, was das Zeug hält, auch in vielen Betriebskantinen, die öffentlich zugänglich sind, wie im Arbeitsamt, dem städtischen Klinikum oder den Verkehrsbetrieben und den vielen Mensen der Hochschulen. Allerdings kann es sein, dass externe Besucher ein paar Cent oder Euro mehr fürs Essen und Trinken zahlen müssen. Finanziell lohnt der Besuch dann aber meist trotzdem noch!

Vegetarische Gerichte stehen inzwischen auf den Speiseplänen fast aller Restaurants – auch wenn es manchmal noch nur ein Salatteller ist – und auch die Zahl der **veganen An-**gebote wächst ständig. Eine eigene Website (www.karlsruhe-vegan.org/vegan-essen) listet alle einschlägigen Angebote auf.

Im Sommer sind die **Eisdielen** gesellige Treffpunkte, vor allem aber auch die mehr als 50 **Biergärten**, die zum Teil bis spät in die Nacht geöffnet haben. Rarer sind die Weinstuben: Außerhalb der Stadt, z. B. im Weinbaudörfchen Großvillars (Landkreis Karlsruhe), findet man traditionelle Besenwirtschaften, wie die Straußwirtschaften in Baden-Württemberg heißen, die nur zu bestimmten Jahreszeiten ihre Weine ausschenken.

Viel gestritten wird, ob Baden eine eigenständige Küche hat, wie Lokalpatrioten gern behaupten, oder ob diese nicht vielmehr eine Melange aus schwäbischer, Schweizer und französischer Kochkunst ist. Gute **Soßen** hat die Küche jedenfalls hervorgebracht, die jedem Gericht den letzten Pfiff geben. **Nudeln** wie handgeschabte Spätzle, **Maultaschen** und **Kartoffeln** sind die wichtigsten Beilagen in badischen Landen, die zu Fleisch besonders munden.

Gastro- und Nightlife-Areale
Bläulich hervorgehobene Bereiche in den Karten kennzeichnen Gebiete mit einem dichten Angebot an Restaurants, Bars, Klubs, Discos etc.

⌂ *Zwiebelrostbraten, einer der Klassiker in Badens Küche*

Auch **Wild** steht vor allem im Herbst hoch im Kurs: Fasan und Reh, Wildschwein oder Feldhase. Eine gute Einkaufsquelle für Wildprodukte ist übrigens im benachbarten Rastatt, wo die Forstbehörde das von ihren sogenannten Regiejägern geschossene Wild verarbeitet und verkauft (Infos: Tel. 07222 9726500 oder forst@ rastatt.de).

Empfehlenswerte Restaurants

🍴**36** [J4] **Aurum (Weinbar und Speisegalerie)** €€-€€€, Alter Schlachthof 45, Tel. 0721 66499745 www.aurum-weinbar. de, Di.-Fr., So. 17-24, Sa. bis 1 Uhr. Restaurant im Karlsruher Osten mit großer Weinauswahl und guter Küche, die von spanischer Mandelsuppe bis zu Freilandhähnchen an Butternusskürbis reicht. Im Sommer ist auch die Dachterrasse mit kleiner Speisekarte geöffnet.

🍴**37** [E2] **El Taquito** €-€€, Waldstr. 24-26, Tel. 0721 23881, www.el-taquito.de, Mo.-Do. 11.30-23, Fr., Sa. 11.30-24, So. 11.30-21.30 Uhr. Deutschlands angeblich ältestes mexikanisches Restaurant serviert in stilechtem Ambiente Burritos und mehr. Die Küche ist durchgängig geöffnet, der Mittagstisch wechselt täglich.

🍴**38** **Fünf** €€-€€€, Kanalweg 52, Tel. 0721 7501155, www.fuenf.de, Di.-Sa. 18-1, So. 10-24 Uhr. Regionale Produkte saisonal verarbeitet, heißt das Motto im Slow-Food-Restaurant, das mit Fen-

chel-Erbsencremesuppe oder Kalbsinvoltini verwöhnt. Im Sommer schöner Biergarten.

🍴**39** **Kesselhaus** €€-€€€, Griesbachstr.10, Tel. 0721 6699269, www.kesselhaus. de, Di.-Fr. 11.30-14.30 und 18-23, Sa. 18-24, So. 10.30-14.30 Brunch und 18-23 Uhr. Gastronomiebetrieb in nostalgischem Industrieambiente. Im Sternerestaurant gibt es ein 9-Gänge-Menü für 155 €, im dazu gehörigen Bistro ein 3-Gänge-Menü schon ab 35 €.

🍴**40** **Künstlerkneipe** €€€, Pfarrstraße 18, Tel. 0721 16089957, www.kuenst lerkneipe.com, Mi.- So. 12-14.30 und 18.30-24 Uhr. Gastronomisches Kleinod im Stadtteil Daxlanden. Gehobene Küche in denkmalgeschützter Wirtsstube. Menüs vom Feinsten, etwas preiswerter ist es in der Vesperstube. Im Sommer sitzt man im kühlen Garten.

🍴**41** [D2] **Lehner's Wirtshaus Karlsruhe** €-€€, Karlstr. 21 a, Tel. 0721 2495720, www.lehners-wirtshaus.de, So.-Do. 11-1, Fr., Sa. 11-1.30 Uhr. Einfache, bayrisch inspirierte Küche mit Wurstsalat und Haxn zum Fassbier, großer Biergarten.

🍴**42** [I2] **Liebes Beef** €-€€, Gerwigstraße 2, Tel. 0721 78188988, www.liebesbeef. de, tgl. 12-23 Uhr. Saftige Burger aus feinstem Fleisch vom Angus-Rind, garniert mit Tomaten, Gurken, Zwiebeln, Käse und Bacon. In veganer Variante kommen sie als Kürbis- oder Falafel-Bratlinge auf den Tisch.

🍴**43** [F2] **Litfass** €-€€, Kreuzstr. 10, Tel. 0721 693487, So.-Do. 10-24, Fr., Sa. 10-1 Uhr. Traditionslokal mit Hinterhofflair in Marktplatznähe. Einfache deutsche Küche, im Sommer schöner Biergarten hinter der Kleinen Kirche.

🍴**44** [E2] **Mogogo** €-€€, Stephanienstraße 2a, Tel. 0721 1208000, www.restau rant-mogogo.de, Di.-So. 12-14.30 und 18-23 Uhr. Speisen und Getränke aus Eritrea. Zwei Personen sättigt die „Afrika-

Platte" mit verschiedenen Fleischsorten, roten Linsen, gemischtem Gemüse und Fladenbrot.

45 [I3] **Parsifal** €, Degenfeldstraße 1, Tel. 0721 96144220, www.parsifal-ka.de, Di.–Fr. 11.30–14, Di.–So. 17–21.30 Uhr. Indisch-iranische Küche, die Lamm und Huhn zu feinsten Soßen serviert, dazu Reis, Kartoffeln und Kichererbsen. In der Woche lockt ein preiswerter Mittagstisch.

46 [F4] **Pfälzer Weinhäusel** €€, Wilhelmstr.17, Tel. 0721 358879, www.pfael zer-weinhaeusel.de, Di.–Sa. 17–24 Uhr. Restaurant in der Südstadt, das mit Pfälzer Spezialitäten wie Saumagen oder selbst gemachten Leberknödeln aufwartet. Dazu gibt es Pfälzer Weine und Schnäpse.

47 Restaurant Hotel Hammerschmiede €€€, Hauptstraße 162, Tel. 07240 6010, www.villa-hammer schmiede.de, tgl. 12–14 und 18–22 Uhr. Gehobene Küche im benachbarten Pfinztal. Man wird mit Ochsenrippe vom Schwarzwaldrind oder Bauernente an Rotkraut und Rahmmaronen verwöhnt. Mittags Lunch inkl. Kaffee.

48 [C6] **Sangam** €–€€, Breite Str. 98, Tel. 0721 95783361, www.sangam-karlsruhe.de, So. und Di.–Fr. 11–14.30 und 17.30–22.30 Uhr, Sa. 17–22.30 Uhr. Traditionelle Tandoori-Küche und vegetarische indische Spezialitäten in Beiertheim.

49 [J2] **Werkbank** €€, Veilchenstr. 9, Tel. 0721 78364711, www.werkbank-karlsruhe.de, Mo., Mi.–Fr., So. 11.30–14 und 17.30–21, Sa. 17.30–21 Uhr. Kulinarische Oase in der Oststadt, die für ihre selbst gemachten Spätzle viel gelobt wird. Als Tische dienen alte Werkbänke.

Für den kleinen Hunger und Geldbeutel

55 [J4] **alina café**, Alter Schlachthof 39, Tel. 0721 17029906, www.alina cafe.de, Mo.–Fr. 9–18 Uhr. Kaffee und Kuchen oder täglich wechselnder vegetarischer Mittagstisch? Frisch wird hier jedenfalls immer aufgetischt!

56 [C2] **Café Bleu**, Kaiserallee 11, Tel. 0721 856392, www.cafe-bleu.de, tgl. 8–1 Uhr. Morgens Frühstück, mittags Lunch, abends Biergarten. Viel studentisches, preisbewusstes Publikum.

57 [F2] **Café Pan**, Kaiserstr. 50, Tel. 0721 76133, www.cafepan.de, Mo.–Fr. 11–19, Sa. 12–17 Uhr. Kleines Café im Innenhof mit Terrasse, das ausschließlich Zutaten aus biologischem Anbau verwendet. Spezialität sind süße und deftige Crêpes nach Originalrezepten aus der Normandie.

58 [F6] **Café Tante Emma**, Am Stadtgarten 11, Tel. 0721 93388144, www. tanteemma-karlsruhe.de, Di.–Fr. 8–18, Sa., So. 9.30–18 Uhr. Bistro-Café am

051kr-gs

◁ *Saftiger Burger im Liebes Beef*

Der erste Kaffee

⊖**50** [E3] **Perlbohne,** Blumenstr. 19, Tel. 0721 60993819, www.perlbohne.de, Mo.–Sa. 10–18 Uhr. Der richtige Innenstadtort zum Wachwerden, verschiedenste Espressi aus selbst gerösteten Bohnen und andere Kaffeespezialitäten helfen dabei. Auch das Müsli wird täglich selbst hergestellt.

Essen mit Aussicht

🍴**51** **Schützenhaus auf dem Turmberg** €€, Jean-Ritzert-Straße 8, Tel. 0721 94318122, www.schuetzenhaus-turm berg.de, Mi.–So. 11.30–23 Uhr. Auf Karlsruhes Hausberg lockt das Schützenhaus mit badischer Küche und „Schmankerln aus der Region" wie Wurstsalat oder Käs'spätzle. Schöne Außenterrasse. Am besten reist man mit der Turmbergbahn an, von der sich ein einmaliger Blick auf Karlsruhe und die oberrheinische Tiefebene bietet.

Dinner for one

🍴**52** Restaurant erasmus €€€, Nürnberger Str. 1, Tel. 0721 40242391, www.erasmus-karlsruhe.de, Mi.–Mo.

12–14 Uhr und 18–21 Uhr. Slow Food in einem von Walter Gropius erbauten Gebäude mit Dach- und Gartenterrasse. Das Gemüse stammt von regionalen Händlern, Fleisch und Fisch direkt vom Erzeuger, der Käse vom Biobauern aus Holland. Essen ist hier Kultur und zum Genießen!

Für den späten Hunger

🍴**53** [D3] **La Strada – Pasta Pasta** €, Amalienstr. 17, Tel. 0721 24762, http://lastrada-pastapasta.de, Mo.–Do. 11–5, Fr., Sa.11–7, So. 15–5 Uhr. Pizza, Pasta und Suppen satt. Der italienische Familienbetrieb in der Nähe des Ludwigsplatzes serviert durchgängig warme Küche, wenn es sein muss auch nach Hause. Hungern muss nachts jedenfalls keiner!

Vegan genießen

🍴**54** [F3] **My Heart Beats Vegan** €-€€, Kriegsstraße 94, Tel. 0721 97669731, www.myheartbeatsvegan.de, Di.–So. 11.30–22 Uhr. Burger, Salate und Pasta, dazu Humus, Tzatziki und andere Leckereien wie gegrillte Portobello-Pilze.

Zoo mit veganen Spezialitäten, Quiches, Salaten und Suppen sowie werktäglich wechselndem Mittagstisch.

🍴**59** [D3] **Der Saftladen,** Waldstr. 56, Tel. 0721 1519377, www.dersaftladen.de, Mo.–Fr. 7.15–18 (Mai–Okt. bis 19), Sa. 9–17 Uhr. Frische, hausgemachte Säfte, dazu Müsli und Suppen, belegte Brote und selbst gemachter Kuchen.

🍴**60** [D2] **Falafelhaus Karlsruhe,** Amalienstraße 51, Tel. 01577 6017307, Mo.–Sa. 11.30–21 Uhr. Vegetarischer Imbiss mit frisch zubereiteten Falafeln aus original arabischem Teig. Spezialität ist der Falafelteller mit veganer Soße oder Kichererbsenpüree mit Sesampaste.

🍴**61** [H2] **Kulturcafe im AKK,** Paulckeplatz 1, Tel. 0721 9640322, www.akk.org, während des Semesters tgl. 9.30–16 Uhr, außerhalb des Semesters unregelmäßige Öffnungszeiten. Selbst verwaltetes Studentencafé im Alten Stadion, in dem Studierende für das leibliche Wohl sorgen. Unschlagbare Preise im Sperrmüllambiente.

Cafés und Eissalons

⊖**62** [D3] **Café Jäck,** Karlstr. 37, Tel. 0721 27149, www.konditorei-cafe-jaeck.de, Di.–So. 9–18 Uhr. Traditionsreiches Innenstadtcafé mit leckeren Kuchen und

Torten oder Petits Fours. So. Brunch und täglich wechselnder Mittagstisch von 11 bis 14.30 Uhr.

◯**63 Café Kehrle,** Pfinztalstraße 35–37, Tel. 0721 494632, www.cafe-kehrle.de, Mo.–Fr. 8.30–18.30, Sa. 8.30–18, So. 12–18 Uhr (im Juni und Juli So. geschl.). Seit drei Generationen werden Gäste auf Durlachs Einkaufsmeile mit feinsten Kuchen und Torten verwöhnt. Daneben gibt es Frühstück satt und täglich wechselnden Mittagstisch.

◯**64** [D2] **Cafélinchen,** Akademiestr. 48, Tel. 0721 60994622, www.cafelinchen. de, Mo., Di., Do.–Sa. 11–18 Uhr. Das erste vegane Café in Karlsruhe, das seinen Kuchen aus Dinkelmehl und Bioweizen selbst backt. Spezialität ist das vegane Eis am Stiel. Tgl. wechselnder Mittagstisch.

◯**65** [G3] **Kaffeebar Schiller,** Kronenstr. 30, Tel. 0721 60950066, www. kaffebar-schiller.de, Mo.–Fr. 9–20, Sa. 12–20 Uhr. „Kaffee-Tankstelle" mit großem Außenbereich im Osten der City. Zum Morgentrunk gibt es frische Baguettes und Kuchen.

◯**66** [A2] **Kaffeehaus Schmidt,** Kaiserallee 69, Tel. 0721 849338, www.kaffeehaus-schmidt.de, Di.–Fr. 9–18, Sa., So. 8–18 Uhr. Gemütliches Kaffeehaus mit der angeblich größten Kuchenauswahl der Stadt. Zu den Spezialitäten zählen Golatschen: ein Hefegebäck mit Quark, Zwetschgenmus und Mohn.

◯**67** [A2] **Mary Poppins,** Kaiserallee 51a, Tel. 0721 858593, www.cafe-mary-poppins.de, Mo.–So. 8–18.30 Uhr. Traditionsreiches Café mit roten Plüschstühlen, im Sommer gemütlicher Innenhof. Kuchen und Torten sind hausgemacht und haben so auch ihren Preis!

❯ **Schlosscafé im Badischen Landesmuseum ➊** , Tel. 0721 9664571, www. landesmuseum.de, Di.–So. 10–23, im Winter 10–19 Uhr. Von Italienern gefür-

Raucher willkommen

Seit August 2007 ist das **Rauchen** in allen Behörden, Gaststätten, Schulen, Jugendhäusern, Kindertagesstätten, Krankenhäusern und Pflegeeinrichtungen **verboten.** Ausgenommen sind Diskotheken mit Raucherräumen, Festzelte und Außengastronomie sowie abgetrennte, deutlich gekennzeichnete Nebenräume in Gaststätten, wenn der Nichtraucherschutz gewährleistet werden kann. Mit Ausnahmegenehmigung ist Rauchen auch in ganz kleinen Gaststätten (weniger als 75 m² Gastfläche) erlaubt.

◯**69** [D2] **Bierakademie Karlsruhe,** Douglasstr. 10, Tel. 0721 27302, www.bierakademie-karlsruhe. de, Mo.–Do. 16–1, Fr. 15–3, Sa. 18–3 Uhr. Im Ausschank sind u. a. ein gutes Dutzend Fassbiere wie Andechser Doppelbock oder Rothaus Pils. Die Bundesligaspiele des heimischen Fußballklubs werden auf einer Großleinwand übertragen.

❶**70** [D2] **Brasil,** Amalienstraße 32a, Tel. 0721 23720, www.brasil-ka. de, Di.–Do. 20–1, Fr., Sa. 20–3 Uhr. Eckkneipe mit eigenem Raucherraum, große Whisky-Auswahl, studentisches Publikum.

tes Café, das vor allem im Sommer mit einer großen Terrasse lockt. Gelobt werden die nicht ganz preisgünstigen Kuchen.

◯**68** [F2] **Wohnzimmer,** Zähringer Str. 96, Tel. 0721 46720997, www. wohnzimmer-karlsruhe.de, Mo.–Sa. 11–20 Uhr. Kaffee und Tee zu hausgemachtem Kuchen in fast familiärer Wohnzimmeratmosphäre.

Karlsruhe am Abend

Große und kleine Bühnen, vom Staatstheater mit großer Oper bis zur Kleinkunstbühne mit schrägen Überraschungsprogrammen, sorgen dafür, dass in Karlsruhe kaum Langeweile aufkommt. Diskotheken für jeden Musikgeschmack, Cocktailbars und Kneipen aller Art, die zum Teil mit Livemusik locken, ergänzen das Angebot. Partymeilen sind neben der Hirschstraße [D2–3] vor allem der Alte Schlachthof ㉑.

Sperrzeiten stören Nachteulen übrigens kaum: Werktags gelten die nur zwischen 3 und 6 Uhr morgens, in den Nächten auf Samstag und Sonntag oder vor Feiertagen gar nur von 5 bis 6 Uhr. Große Gedanken um den Heimweg müssen sich Nachtschwärmer auch nicht machen. Die sogenannten **Nightliner** bringen sie immer sicher nach Hause – auch in der Woche. Zentrale Haltestelle der Nachtbusse ist der Marktplatz ❼, von wo ab 1.30 Uhr jede Stunde die einzelnen Stadtteile angesteuert werden.

Hausbrauereien mit Gastronomiebetrieb

○71 [D2] **Badisch Brauhaus**, Stephanienstraße 38–40, Tel. 0721 1444400, www.badisch-brauhaus.de, Mo.–Do. 11.30–24, Fr., Sa. 11.30–1, So. 11–24 Uhr. Hausbrauerei mit eigener Gaststätte, in der deftige Küche – vom Fleischkäse bis zum Brauschmaus – Trumpf ist. Neben BADISCH Hell und BADISCH Dunkel gibt es „Exoten" wie Märzen, Maibock oder Schwarzbier.

○72 **Brauhaus 2.0**, Egon-Eiermann-Allee 8, Tel. 0721 47050220, www.brauhaus-20.de, tgl. 11–24 Uhr. Kleines Brauhaus im Stadtteil Knielingen. Zum Biobier gibt es Braten, Haxen, Schnitzel und selbst

gemachten Kaiserschmarrn, werktags preiswerter Mittagstisch.

○73 **Brauhaus Kühler Krug**, Wilhelm-Baur-Straße 3a, Tel. 0721 8316416, www.brauhaus-karlsruhe.com, April–Okt. Mo.–Do. 11–24, Fr., Sa. 11–1, So. 10–23 Uhr, Nov.–März Mo.–Do. 15–24, Fr., Sa. 15–1, So. 10–23 Uhr. Naturtrübe Biere in der Weststadt, dazu Hähnchen, Schnitzel, Flammkuchen und Schweinshaxe.

○74 [G3] **Vogelbräu Karlsruhe**, Kapellenstraße 50, Tel. 0721 377571, www.vogelbraeu.de, So.–Do. 10–24, Fr., Sa. 10–1 Uhr. Bierlokal und Biergarten in der östlichen Innenstadt. Feine Biere, täglich wechselnde Wochenmenüs und selbst gebrannter Whisky. Zu Vogelbräu gehören auch Brauhäuser in Durlach (Amalienbadstr. 16, Tel. 0721 819680) und Ettlingen (Rheinstraße 4, Tel. 07243 561720) mit gleichen Öffnungszeiten.

Biergärten

○75 [E4] **Alter Brauhof**, Beiertheimer Allee 18a, Tel. 0721 34044, www.alter-brauhof.de, bei gutem Wetter Mi.–Fr. 12–14.15, Mo.–Fr. 17–23.30, Sa. 18–23.30 Uhr. Einer der ältesten und größten Biergärten der Stadt in Zoonähe. Deftige Speisen und großes Bierangebot, gelegentlich Livekonzerte.

○76 **Beim Schupi Karlsruhe**, Durmersheimer Str. 6, Tel. 0721 551220, www.schupi.de. Der Sommergarten ist von Mai bis September werktags ab 16, sonn- und feiertags ab 11 Uhr durchgehend geöffnet. Badische Küche, So. Brunch.

○77 [B2] **Kaisergarten**, Kaiserallee 23, Tel. 0721 8302118, www.kaiser-garten.eu, bei gutem Wetter Mo.–Fr. 11.30–14.30 und 17–24 Uhr, Sa. 11.30–24, So. 10–23 Uhr. Uriger Biergarten mit gutbürgerlicher Küche – von badischen Käsespätzle bis Lammragout.

78 [B3] **Löwenbräukeller,** Sophienstr. 95, Tel. 0721 843315, www.lbk-ka. de, bei gutem Wetter Mo.–Sa. 17–1 Uhr. Internationale Küche mit wöchentlich wechselnder Karte – von Kutteln bis Cannelloni.

Theater, Konzerte und Kulturzentren

16 [F4] **Badisches Staatstheater.** Renommiertes Mehrspartentheater mit Oper, Operette, Ballett, Konzert, Schauspiel, Jugend- und Volkstheater.

79 **D'Badisch Bühn,** Durmersheimer Str. 6, Tel. 0721 552500, www.badisch-buehn.de. Mundart-Theater in einer Gastwirtschaft. Während der Vorstellungen darf gegessen und getrunken werden!

80 **Die Käuze,** Königsberger Straße 9, Tel. 0721 684207, www.kaeuze-theater. de. Einziges Karlsruher Kellertheater im Stadtteil Waldstadt, das neben Theater für alle Altersklassen auch viel Kleinkunst und Lesungen im Programm hat.

Sommerlicher Treffpunkt: der Ludwigsplatz [D/E2] im Stadtzentrum

81 [J4] **Eine Welt Theater,** Alter Schlachthof 23, Tel. 0163 3807300, www.eine-welt-theater.de. Engagiertes Figurentheater, das auch in Kindergärten und Schulen mit eigenen Stücken für eine gerechtere Welt wirbt.

82 [G3] **Jubez,** Kronenplatz 1, Tel. 0721 1335630, www.jubez.de. Städtisches Kulturzentrum mit breitem Angebot von Comedy bis Rock, auch viele Jazzkonzerte.

83 [E2] **Kammertheater Karlsruhe,** Herrenstr. 30/32, Tel. 0721 23111, www.kammertheater-karlsuhe.de. Populäre kleine Bühne mit mehr als 200 Sitzplätzen in der Innenstadt.

84 [F4] **KOHI – Kulturraum,** Werderstr. 47, www.kohi.de. Kulturraum in der Südstadt, der Konzerte, Lesungen und andere Veranstaltungen anbietet. Kein Eintritt, stattdessen löst man eine Mitgliedskarte.

85 [E4] **Kongresszentrum Karlsruhe,** Festplatz, Tel. 0721 37200, www.messe-karlsruhe.de. Kongress- und Veranstaltungszentrum mit Stadthalle, Konzerthaus, Schwarzwaldhalle und Gartenhalle.

86 **Kulturhaus Mikado,** Kanalweg 52, Tel. 0721 60900316, www.mikado kultur.de. Kulturzentrum in einer ehe-

052kr-gs

maligen US-Kaserne in der Nordstadt. Meist am Wochenende gibt es Konzerte, Lesungen, Vorträge, Theater, Kunstausstellungen und Tanzveranstaltungen.

● **87 Kulturzentrum Tempel,** Hardtstraße 37a, Tel. 0721 554174, www.kulturverein-tempel.de. Denkmalgeschützter Veranstaltungsort in der ehemaligen Brauerei im Stadtteil Mühlburg. Das Herzstück ist die Scenario Hall. Im Angebot sind Kunst und Tanz – und viel Musik vom Kammerkonzert über Weltmusik bis Rock und Pop. Auch der Jazz Club Karlsruhe (www.jazzclub.de) ist hier gern zu Gast.

● **88** [J4] **Kulturzentrum Tollhaus,** Alter Schlachthof 35, Tel. 0721 964050,www.tollhaus.de. Kabarett, Comedy, Tanztheater, Weltmusik, Jazz, Festivals und Open-Air-Konzerte, auch Eigenproduktionen. Zwei Säle und zwei große bespielbare Foyers.

● **89** [C2] **marotte-Figurentheater,** Kaiserallee 11, Tel. 0721 841555, www.marotte-figurentheater.de. Im Angebot sind klassische und experimentelle Stücke, die mit Handpuppen, Marionetten und anderen Objekten oder im Schatten-

spiel zur Aufführung kommen. Im selben Gebäudekomplex befindet sich auch das **Sandkorn-Theater** (Tel. 0721 848984, www.sandkorn-theater.de), ein Privattheater mit zwei Bühnen und vielfältigen Angeboten für Kinder, Jugendliche und Erwachsene. Auf dem Programm stehen Eigenproduktionen und Gastspiele. Ebenfalls im Gebäude zu finden ist das **Jakobus-Theater in der Fabrik** (Tel. 0721 854245, www.jakobus-theater.de), ein engagiertes Amateurtheater mit breitem Angebot vom Klassiker bis zu Komödien und jährlich drei Neuinszenierungen.

● **90 P8,** Pennsylvaniastr. 8, www.p-acht. org. Kulturhalle des gemeinnützigen Vereins Panorama in der Nordstadt, der Konzerte und andere Veranstaltungen bietet.

● **91** [J3] **Substage,** Alter Schlachthof 19, Tel. 0721 7831150. www.substage. de. 1990 gegründeter Klub, der sich vor allem Livekonzerten von Pop bis Punk verschrieben hat.

● **92 THIDOR,** Theater in der Orgelfabrik, Amthausstr. 8, Tel. 0721 401443, www. theaterinderorgelfabrik.de. Meist nur im Sommer bespieltes Autorentheater in einer alten Orgelfabrik in Durlach.

Lounges, Bars und Musikkneipen

● **93** [J3] **Alte Hackerei,** Alter Schlachthof 11a, Tel. 0721 6277323, www.alte hackerei.de, Winter: Mi., Do. 20–2, Fr., Sa. 19–5 Uhr, Sommer: Mi., Do. 17–2, Fr., Sa. 17–5 Uhr, Biergarten Mi.–Sa. 17–24, So. 15–22 Uhr. Bar, Imbiss und Kulturtreff mit gelegentlichen Livekonzerten und Tanzabenden.

⌂ *Hinter diesen bunten Gestalten finden sich neben dem marotte-Figurentheater noch zwei weitere Spielstätten*

94 [F3] **Carlos Cocktailbar,** Markgrafen-straße 32, Tel. 0177 35448762, www.carloscocktailbar.de, Mo.–Do. 18–2, Fr., Sa. 18–3, So. 18–24 Uhr. Kreative Cocktailmixer, die Neuheiten auch mal mit hausgemachtem Weißbiersirup bereichern. Eigener Raucherbereich.

95 [D3] **Kofferraum Cocktailbar,** Hirsch-straße 17, Tel. 0721 18054803, www.derkofferraum.de, Mo.–Sa. ab 19 Uhr. Große Auswahl an Cocktails, deren aktuellste einem schon auf der Internetseite schmackhaft gemacht werden. Hausge-machte Sirups.

96 [C4] **Mapa – Café & Bar,** Garten-straße 56b, Tel. 0721 89333061, www.mapa-cafe.de, Di.–Do. 17–24 Uhr, Fr., Sa. 17–2.30 Uhr. Café und Cocktail-bar mit lateinamerikanischem Ambi-ente unweit des ZKM. Mittags Kaffee und Kuchen, abends Mojito, Pisco Sour oder Margaritas.

97 [D2] **Monk Bar,** Hirschstraße 18, www.monk-bar.de, Mi., Do. 20–2, Fr., Sa. 20–3 Uhr. Die nach dem Jazzmusi-ker Thelonious Monk benannte Bar bietet Soul, Funk, Disco und House, gelegent-lich Livemusik. Ein Ort, an dem sich auch Ältere wohlfühlen.

98 [E2] **Ohne Gleichen,** Waldstraße 55, Tel. 0721 1511438, www.ohnegleichen-ka.de. Mo.–Do. 19–24, Fr., Sa. 19–2 Uhr. Beliebte Cocktailbar über dem Res-taurant Salmen, alter Stuck und moder-nes Design.

Klubs, Discos und Co.

99 [E2] **Cen Club,** Waldstr. 32, Tel. 01512 3014444, www.cen-club.de, Sa. ab 23 Uhr. Angesagter Wochenendtreff am Europaplatz, wo *fashion victims* auf Anzugträger treffen.

100 [F4] **Die Stadtmitte,** Baumeisterstr. 3, Tel. 0721 3546381, www.die-stadt mitte.de, Fr., Sa. 23–5 Uhr. Tanz- und Nachtklub sowie Bar. Karlsruher Techno-Zentrum, aber auch House, Elektro und Dub.

101 [E3] **En Vogue Nightclub,** Blumen-straße 10, Tel. 0176 61897759, www.envogue-nightclub.de, Fr., Sa. 23–5 Uhr. Innenstadtklub, in dem man Wert auf ein gepflegtes Äußeres legt. Rhythmen von morgen und Beats von gestern.

102 [D2] **Hello Club,** Hirschstr. 18, www.helloclub.de, Do.–Sa. 23–5 Uhr. Hip-Hop, R&B, Reggae, Afro-Beat und Dancehall. Laut Eigenwerbung ein „Club für Feierwütige fernab von Stilrichtungen und Schickimicki. Großstadt-Szenerie trifft auf Gemütlichkeit ...".

103 [D3] **KrokoKeller,** Bürgerstr. 14, Tel. 0721 23729, www.krokokeller.com, Fr., Sa. 23–5 Uhr. Von Jung und Alt geschätzter Gewölbekeller in Nähe des Ludwigsplatzes mit Musik für alle Generationen, laut Eigenwerbung „bunt-laut-wild".

104 [C2] **Monkeyz,** Kaiserallee 3, Tel. 0721 48523333, www.monkeyz-ka.de, Di. 23–3, Fr., Sa. 23–5 Uhr. Discoklub für bis zu 600 Besucher mit zwei Tanz-flächen. Stylisches Ambiente, Hip-Hop, House und mehr. Dienstags vor allem Studententreff.

105 [Nachtwerk Musikclub,] Pfannkuchstr. 14, Tel. 0721 95299551, www.nachtwerk-musikclub.de, Tanz- und Nachtklub im Gewölbekeller eines ehemaligen Weinzentrallagers im Stadtteil Grünwinkel. Am Wochenende meist Mottopartys mit wechselnden Musikrichtungen.

106 [D2] **Qubes Club,** Hirschstr. 16, Tel. 0151 15681308, www.qubes-club.de, Fr., Sa. 23–5 Uhr. Klub mit Loungeberei-chen und großem Dancefloor.

107 [D3] **Topsy Turvy,** Hirschstr. 30, Tel. 0171 6280877, www.topsy-bar.de, Do. 22–3, Fr., Sa. 23–5 Uhr. Kleine Cock-tail- und Disco-Bar im U-Boot-Design inmitten der Stadt, Musik von ABBA bis House.

Karlsruhe für Kauflustige

Karlsruhe ist ein Einkaufsparadies. Eine Adresse, die jedes Wochenende auch Zehntausende zum Shoppen aus dem Umland lockt. Fast eine halbe Million Menschen, so ergab eine aktuelle Umfrage, kommen mindestens einmal im Monat zum Einkauf in die Stadt – die meisten aus dem Landkreis Karlsruhe, aber auch aus dem Schwarzwald, Rastatt und Baden-Baden. Gern machen auch die Südpfälzer und rund 30.000 Elsässer regelmäßig in Karlsruhe Station – getreu dem neudeutschen Karlsruher Einkaufsmotto „Miles, Malls and More".

Seine Zugkraft als Einkaufsstadt verdankt Karlsruhe vor allem der **Kaiserstraße ❻**, einer der längsten Einkaufsmeilen im deutschen Südwesten. Fast alle großen Markenartikler haben sich hier niedergelassen. Dazu kommt das Shoppingcenter **Ettlinger Tor** (s. S. 87), in dem über 130 Geschäfte, ebenfalls meist Markenartikler, zu Hause sind. 2019 erhält das Ladenzentrum einen eigenen unterirdischen Tram-Anschluss, was das Einkaufen noch attraktiver machen wird. Ebenfalls ein begehrtes Ziel der Einkaufsbummler ist die Postgalerie (s. S. 87) in der Kaiserstraße, wo sich fast 50 Geschäfte niedergelassen haben, darunter der irische Textil-Discounter Primark.

Rund um die Kaiserstraße – vor allem in der **südlichen Waldstraße, in Karl-, Herren- und Ritterstraße sowie in der Erbprinzenstraße** – finden sich zahlreiche, häufig **inhabergeführte Geschäfte.** Kunsthandwerk halten sie feil, Möbel und Design, Freizeit- und Sportkleidung, anspruchsvolle Mode, Schuhe und Schmuck. Auf Kundennähe wird hier Wert gelegt, mit Fachwissen dem Internethandel getrotzt. Und

was den Einkauf in der Gegend zum Erlebnis macht, sind die vielen **Cafés** und **Restaurants,** in denen man sich eine kurze oder längere Auszeit vom Einkaufsbummel gönnen kann. Wer es sich leisten kann, mietet sich zum Shoppen einen eigenen **Guide,** den die Tourist-Information (s. S. 116) für zwei oder mehr Stunden gern vermittelt (ab 90 €).

Bei größeren Einkaufstouren kann man auf „**Mein KALIX – Karlsruhe liefert's fix**" zurückgreifen, einen kostenpflichtigen Lieferservice (www. mein-kalix.de). Kuriere bringen bis 17.30 Uhr getätigte Einkäufe noch am gleichen Abend nach Hause oder auch ins Hotel. Keiner braucht so seine Schnäppchen durch die Stadt zu schleppen. Auch bei plötzlich aufkommendem Regen oder Schnee muss niemand verzweifeln, halten doch viele Geschäfte gegen ein Pfand von fünf Euro einen **Schirm** bereit, den man Tage oder Monate später in einem anderen Geschäft wieder abgeben kann (www.ka-city.de/services/ schirmverleih).

Souvenirjäger sollten in den Museumshops Ausschau halten, die viele schöne und nützliche Dinge im Angebot haben. Echte **Karlsruher Spezialitäten** wie die würzigen Briganten-Taler (ein Oblatengebäck) oder Bauschutt (ein Trüffel) gibt es im Kaffeehaus Schmidt (s. S. 81). Auch Whisky, Gin, Obstschnaps, Wein oder selbstgebraute Biere finden als Mitbringsel mehr und mehr Beachtung.

▷ *Der Shopping-Tempel Ettlinger Tor: mehr als 130 Dienstleister und Geschäfte unter einem Dach*

Shoppingareale

Die wichtigsten Shoppingbereiche der Stadt sind im Kartenmaterial mit einer rötlichen Fläche markiert.

Einkaufszentren

108 [E3] **Einkaufszentrum Ettlinger Tor,** Karl-Friedrich-Str. 26, Tel. 0721 6636790, www.ettlinger-tor.de, Mo.– Sa. 10–20 Uhr (Do. bis 22 Uhr). Riesiges überdachtes Einkaufszentrum in der Stadtmitte mit mehr als 130 Geschäften und Dienstleistern auf drei Ebenen. Eigenes Parkhaus mit 900 Stellplätzen. Hunde sind an der Leine erlaubt.

109 [D2] **Postgalerie,** Kaiserstr. 217, Tel. 0721 1805860, www.postgalerie.de, Mo.–Sa. 10–20 Uhr. Knapp 30.000 m² Verkaufsfläche auf mehreren Etagen im neobarocken ehemaligen Reichspost-Telegraphengebäude: Mode, Lebensmittel und Beauty neben Coffeeshops und Fast-Food-Läden.

053kr-gs

Buchhandlungen

110 [G2] **Buchhandlung am Kronenplatz,** Kaiserstr. 18, Tel. 0721 377775, www.kronenplatz.de, Mo.–Fr. 9–19, Sa. 9.30–16 Uhr. Inhabergeführte, breit aufgestellte Innenstadt-Buchhandlung – vom erotischen Roman bis zum Gedichtband.

111 Der Rabe, Pfinztalstraße 60, Tel. 0721 9400140, www.rabebuch.de, Mo.–Fr. 9–18.30, Sa. 9–14 Uhr. Buchhandlung in Durlach mit breitem Sortiment und guter Beratung, hin und wieder Autorenlesungen.

112 [E3] **Reisebuchladen Karlsruhe,** Herrenstr. 33, Tel. 0721 47008895, Mo.–Fr. 9–19, Sa. 10–16 Uhr. Auf Reiseliteratur spezialisierter Buchhändler.

113 [E3] **Stephanus Buchhandlung,** Herrenstr. 34, Tel. 0721 919529, www.stephanusbuch.de, Mo.–Fr. 9–19, Sa. 9.30–18 Uhr. Mehrgeschossiger Buchladen im Zentrum mit großem Angebot auch an Kinder- und Jugendliteratur.

114 [E2] **Thalia Buchhandlung,** Kaiserstr. 167, Tel. 0721 8933170, www.thalia.de, Mo.–Sa. 9.30–20 Uhr. Bücher, Kalender, Hörbücher, Musik-CDs und viel Spielzeug für jedes Alter und Geldbeutel auf 2000 m² Verkaufsfläche.

Mode, Schmuck, Möbel und Accessoires

115 [F2] **Atelier Hexenstich,** Kaiserstr. 50, Tel. 0721 849687, www.atelier-hexenstich.jimdo.com, Di. 10–16, Fr. 10–18, Sa. 12–16 Uhr. Die Ring-Kleidung für Box-Weltmeisterin Regina Halmich brachte Bernadette Rupp überregionale Beachtung. Aus ihrem Atelier stammen sonst schicke Wollblazer ebenso wie Falthosen aus Kammgarn.

116 Benjamin Bigot, Niddastr. 26, Tel. 0176 96827550, www.originelleschuhe.de, Do., Fr. 10–17, Sa. 10–13

054kr-gs

Uhr oder nach Vereinbarung. Feinste Maßschuhe für Damen und Herren. Besonders beliebt sind auch die Schuhputzkurse des Fußwerkgestalters im Stadtteil Grötzingen.

🔺**117** [C3] **DOM Herrenmoden Outlet,** Kriegstraße 196, Tel. 0721 1615010, www.dom-herrenmoden.de, Mo.–Fr. 11–19, Sa. 10–18 Uhr. Hochwertige Herrenkleidung wie Anzüge, Hemden und Krawatten aus eigener Herstellung.

🔺**118 EFBE Möbelart,** Körnerstraße 1, Tel. 0721 85143747, www.efbe-möbelart.de, Di.–Fr. 11–19, Sa. 10–16 Uhr. Individuelle Möbel wie Tische, Sideboards, Bänke und Sofas, dazu ausgefallene Wohnaccessoires wie Keramik oder Kerzen.

🔺**119** [G4] **Family Tree Shop/Wohnstück,** Rüppurrer Straße 25, Tel. 0721 9165033, www.familytreeshop.com und www.wohnstueck.de, Mo.–Fr. 11–18.30, Sa. 11–15 Uhr. Möbel und Wohnaccessoires junger Designer-Label. Kreatives aus Filz wie Gürtel, Mousepads und Geldbeutel oder auch Gürtel aus alten Krawatten.

🔺**120 MachArt – Wolle & Mehr,** Amthausstr. 2, Tel. 0721 405310, www.machart-durlach.de, Mo., Fr. 10–13 und 14.30–18, Di., Do. 13–19, Mi., Sa. 10–13 Uhr. Wolle und Strickgarne satt. Im Ladengeschäft in Durlach trifft man sich außerdem jeden zweiten Dienstag

(in den ungeraden Kalenderwochen) von 19 bis 21 Uhr zum praxisorientierten Meinungsaustausch.

🔺**121** [E2] **Oxfam Shop Karlsruhe,** Waldstr. 41–43, Tel. 0721 1208986, www.oxfam.de, Mo.–Fr. 10–19, Sa. 10–15 Uhr. Karlsruher Zweigstelle des internationalen Secondhandladens, dessen Erlöse Notleidenden zugutekommen.

🔺**122** [F2] **Rennwerk Karlsruhe,** Kaiserstr. 72 (Eingang Am Zirkel), Tel. 0721 90981030 www.rennwerk.info, Mo.–Fr. 10–13 und 14–19, Sa. 10–19 Uhr. Für alle Jogger und Marathonläufer. Riesenauswahl an Laufschuhen und Zubehör.

🔺**123** [F3] **Riedel Schatz,** Erbprinzenstr. 4–12, Tel. 0721 8318462, www.riedel-schatz.de, Mo.-Fr. 10–19, Sa. 10–18 Uhr. Mode, Taschen, Accessoires und Schuhe auf zwei Ebenen, sportlich und elegant, allesamt Markenartikel wie Max Mara und andere.

🔺**124** [E2] **Schirm Weinig,** Kaiserstr. 201, Tel. 0721 25476, www.schirm-weinig.de, Mo.–Fr. 10–18.30, Sa. 10–18 Uhr. Seit 1840 die erste Adresse für Taschen- und Stockschirme, Regencapes und hochwertige Spazierstöcke. Familien-

▱ Die geschäftige Kaiserstraße ist Karlsruhes Einkaufsmeile. Die Straßenbahnen verkehren bald unterirdisch.

betrieb in 5. Generation, der schon die Großherzogin belieferte.

125 [A2] **Unser Onkel**, Nelkenstr. 17, Tel. 0721 66995334, www.unseronkel.com, Mo.–Fr. 11–18.30, Sa. 10–16 Uhr. Schöne oder ausgefallene Wohnkleinigkeiten am Gutenbergplatz: vom Kaffeebecher bis zur Nachttischlampe.

126 [G5] **Waschbär Outlet/Vivanda Schnäppchenmarkt**, Rüppurrer Straße 92, Tel. 0721 4764921, Mo.–Fr. 10–18 Uhr, Sa. 10–16 Uhr, www.waschbaer.de. Überhänge, Restposten und Einzelstücke der Freiburger Firma Waschbär und der Textil- und Schuhfirma Vivanda.

Retro und Musik

127 [F3] **Discover Records**, Kreuzstr. 31, Tel. 0721 388614, www.discover-records.de, Mo.–Fr. 12–19, Sa. 11–18 Uhr. Auf Nostalgiker warten rund 50.000 gebrauchte LPs und 5000 CDs.

128 [I2] **Mo's Plattenladen**, Rudolfstr. 17, www.facebook.com/mosplatten laden, Mi., Do. 16–20, Sa. 12–17 Uhr. Platten und CDs, neue und gebrauchte, dazu Musikkassetten und „Fanzines" aus der Punk- und Hardcore-Ecke.

129 [F3] **Tom's Oldie Schallplatten und Poster**, Erbprinzenstr. 2, Tel. 0151 56903550, www.toms-schallplatten-poster.de, Mo.–Fr. 11–19, Sa. 11–18 Uhr. Platten und CDs, alte Filmplakate und Musikposter.

130 [E4] **Weiß und mehr**, Gartenstraße 1, Tel. 0174 3003079, www.weissund mehr.de, Mi.–Fr. 12–18.30, Sa. 10–15 Uhr. Weißer Trödel und Vintage-Möbel. Shabby Chic heißt das heute gern.

Antiquitäten, Instrumente und Kunsthandwerk

131 [D3] **ANTIKART**, Amalienstraße 37, Tel. 0721 27311, www.antikart-karls ruhe.de, Mo.–Fr. 11–18, Sa. 10–14

Uhr. Altes und Neues in schönem Design.

132 [E3] **Baden Antik**, Herrenstr. 44, Tel. 0721 2030984, www.antiquitä ten-karlsruhe.de, Mo. 15–18.30, Di.–Fr. 11–13 und 15–18.30, Sa. 11–14 Uhr. Keramik, Glas, Porzellan, Gemälde, Möbel, Schränke und Lampen aus drei Jahrhunderten.

133 [G3] **Die Zupfgeige**, Adlerstr. 39, Tel. 0721 30303, www.zupfgeige.com, Mo., Di. und Do., Fr. 10–12.30 und 14.30–18.30, Sa. 10–14 Uhr. Gitarrenfachgeschäft, das auch Noten und Zubehör vertreibt.

134 [G3] **Fairer Handel Weltladen**, Kronenplatz 21, Tel. 0721 32050, www.apdw.de, Mo. 10–20, Di.–Fr. 10–18.30, Sa. 10–16 Uhr. Verkaufsausstellung eines gemeinnützigen Vereins, der Kunsthandwerk aus Ländern der Dritten Welt anbietet. Für alle, die ausgefallene Geschenke suchen.

135 [D2] **Geigenbau Hepfer**, Kaiserstraße 188, Tel. 0721 26147, www.geigenbau-hepfer.de, Di.–Fr. 10–13 und 14–17, Sa. 10–13 Uhr. Traditionsreiche Streichinstrumentenbauwerkstatt, die Geige, Bratsche oder Cello auch verleiht.

Kulinarisches

136 [D2] **Confiserie Endle**, Kaiserstraße 241a, Tel. 0721 24678, www.endle.de, Mo.–Sa. 8–18, So. 10–18 Uhr. Familienbetrieb in der Innenstadt, der seit 1932 mit Torten, Eis, Schokolade und Pralinen verwöhnt.

137 **Culinarico**, Industriestr. 2, Tel. 0721 62765678, www.culinarico.de, Mo.–Fr. 10–18 Uhr. Gewürzmanufaktur am Rheinhafen, die biozertifizierte Geschmacksveredler mischt. Im Angebot sind auch Öle, Essige und Nudeln.

138 [J4] **espresso tostino – Rösterei im Alten Schlachthof**, Alter Schlachthof 29a, Tel. 0721 13278691, www.tostino.

de, Mo., Mi., Fr., Sa. 10–18 Uhr. Selbst geröstete Bio- und Spezialitätenkaffees, viel gefragt sind die Barista-Seminare.

🔴**139** [E3] **Füllhorn**, Erbprinzenstr. 27, Tel. 0721 913100, www.fuellhorn-biomarkt. de/unsere-biomaerkte/fuellhorn-karls ruhe.html, Mo.–Fr. 9–20, Sa. 9–18 Uhr. Einer der ältesten Bioläden der Region, der auch nach Hause liefert. Viel Wert legt man auf regionale Produkte, zu denen auch Wein gehört.

🔴**140** [D3] **Patisserie Ludwig**, Waldstr. 85, Tel. 0179 1781272, www.patisserie-ludwig-net, Di.–Sa. 9–18, So. 11–18 Uhr. Täglich frische Törtchen und Tarte-lettes, Pralinen und Macarons. Der Chef trägt den Titel „Deutscher Konditormeister" und gibt gelegentlich Backkurse.

🔴**141** [F3] **Pralina**, Hebelstr. 21, Tel. 0721 1602288, www.pralina.eu, Mo.–Sa. 10–18 Uhr. Schokolade satt: mehr als 100 Sorten Pralinen und Trinkschokolade.

🔴**142** [E2] **Wilkendorf's Teehaus**, Waldstr. 22, Tel. 0721 25626, www.wilken dorfs-teehaus.de, Mo.–Fr. 9.30–19, Sa. 10–18 Uhr. Beliebter Teeladen aus dem Jahr 1886, große Auswahl, viele Sorten aus Bioanbau.

🔴**143** [F4] **Zuckerbecker**, Werderstr. 34, Tel. 0721 9338220, www.zuckerbecker. com, Mo., Di., Do., Fr. 10–13.30 und 15–19, Mi. und Sa. 10–16 Uhr. Schlemmerparadies im Herzen der Südstadt. Schokoladen und Pralinen aus eigener Herstellung, Marzipan, Kaffee, Tee oder Macarons.

Alkoholika

Wein

Am Turmberg ist das **Staatswein-gut Karlsruhe-Durlach** zu Hause, dessen Reben am sonnenreichen Südwesthang reifen. Derzeit sind auf rund drei Vierteln der 8,7 Hektar Rebfläche Riesling, Auxerrois, Weißer Burgunder und Grauer Burgunder angepflanzt. Aber auch Sorten wie Silvaner, Muskat-Ottonel und Scheurebe finden sich am Turmberg. Fast 20 Prozent der Rebfläche ist Rotweinen vorbehalten, vor allem dem Lemberger, der in Baden eine Rarität ist und in Karlsruhe im Barrique ausgebaut wird. Zusätzlich im Angebot sind eigene Sekte, Traubenlikör, Weinhefe- und Tresterbrand.

🔴**144** **Staatsweingut Karlsruhe-Durlach**, Posseltstraße 19, 76227 Karlsruhe-Durlach, Tel. 0721 940570, www. turmbergwein.de, Verkauf Mo., Mi., Fr. 8.30–12.30 Uhr, Di., Do. 15–19 Uhr, jeder erster Sa. im Monat außer Januar und August 10–14 Uhr. Weinproben und Führungen auf Anfrage.

Bier

Karlsruhes kreative Geister haben auch die Tradition des Bierbrauens in der Stadt neu belebt. Neben den beiden großen Brauereien **Hoepfner** und **Moninger** haben sich so eine Reihe kleiner **Hausbrauereien** etabliert, die vor allem die Kneipen- und Biergartenkultur der Stadt beleben. Eigene Hausbrauereien mit Gaststätten kennen auch die nah gelegenen Städte Rastatt (www.hopfenschlingel. com) und Bruchsal (www.brauhaus-wallhall.de und www.sternenbräu. de) sowie die benachbarte Gemeinde Malsch (www.alterbahnhofmalsch. de).

🔴**145** **Hatz-Moninger Brauhaus**, Durmersheimer Straße 59, Tel. 0721 57020, www.hatz-moninger.de, Verkauf: Mo.–Fr. 7–17 Uhr. Mit Export, Pils und verschiedenen Weizen-, Dunkel- und Bock-Bieren punktet die Brauerei im Stadtteil Grünwinkel. Außerdem gibt es alkoholfreie Biere und Radler.

🔴**146** **Neureuter Braumanufaktur**, Neureuter Hauptstr. 229, Tel. 0721

75402680, www.neureuter-braumanu faktur.de, Verkauf: Mo.–Sa. 10–13, Mo.–Do. 15–18 Uhr. Hausbrauerei im Stadtteil Neureut, die ohne Stabilisatoren arbeitet, die Biere sind so auch vegan und koscher.

🔴**147** [I2] **Privatbrauerei Hoepfner,** Haidund-Neu-Str. 18, Tel. 0721 61830, www.hoepfner.de, Verkauf: Mo.–Do. 7–12.15 und 13.30–16.30, Fr. nur bis 15.30 Uhr. Die 1798 gegründete Braurei mit ihrem denkmalgeschützten Sudhaus in der Oststadt ist das größte Brauhaus der Stadt. Allerdings ist der Betrieb heute Teil der Brau Holding International, zu der auch Marken wie Paulaner oder Hacker-Pschorr gehören. Im Angebot sind Pils und Weißbiere und ganzjährig inzwischen auch Doppelbock-Biere mit fast 20 Prozent Stammwürze. Jeden ersten Sa. im Monat gibt es um 14 Uhr eine Brauerei-Führung mit anschließender Bierprobe (8 €).

Whisky, Gin und Obstbrände

Immer mehr hochprozentige Spirituosen kommen mittlerweile aus Karlsruhe. So bietet die **Destillerie Kammer-Kirsch** nicht nur hausgemachte Obstbrände und in Eichenfässern gereiften Whisky, sondern mit dem Black Forest Dry Gin auch einen Gin mit feinen Wacholder- und Zitronennoten. Die populärste Brennerei der Fächerstadt wurde vor über 100 Jahren auf Betreiben der Badischen Landwirtschaftskammer gegründet, um „Schwarzwälder Kirschwasser" zu brennen. 1929 wurde die Vierkantflasche zum Patent angemeldet, die heute meist Markenzeichen Badischer Obstbrände ist.

Nach seinem Schöpfer Heiko Hoos ist der **Hoos Gin** (www.hoos-london-gin.de) benannt. Der in kleinen Auflagen nach traditionellen Methoden produzierte und mit der Hand abge-füllte Gin vereint neben den üblichen Wacholderbeeren 15 frische und getrocknete Kräuter. Vertrieben wird er u. a in der Feinkostabteilung bei Karstadt (Kaiserstraße). Unter der Schirmherrschaft der **Kofferraum Cocktailbar** (s. S. 85, dort auch erhältlich) entstand der **Lunatic Moon Dry Gin**, der angeblich bei Vollmond in einer kleinen Brennerei in Heppenheim destilliert und bei Neumond abgefüllt wird.

Breaks Gin (www.breaks-gin.de) ist ein weiteres Gin-Produkt, entwickelt vom gebürtigen Karlsruher Harald Reinholz und nach dessen altem Plattenladen benannt. Der nach traditioneller London-Dry-Art destillierte und auf der Basis von Biokräutern und -gewürzen gefertigte Gin wird u. a. ebenfalls bei Karstadt vertrieben.

Zu den besten Adressen für die Freunde alles Hochprozentigen gehört die **Scriptor-Brennerei**, die Destillate, Brände, Liköre, Whisky und Gin im Angebot hat. **Grötzinger Destille** (www.schnapsgalerie.de) nennt sich eine Privatbrennerei im Stadtteil Grötzingen. Der Nebenerwerbsbetrieb verarbeitet u. a. Mirabellen, Sauerkirschen, Johannisbeeren, Birnen, Äpfel und Himbeeren zu Bränden und Likören, die vorwiegend übers Internet vertrieben werden.

🔴**148** Destillerie Kammer-Kirsch, Hardtstraße 35–37, Tel. 0721 955510, www.kammer-kirsch.de, Mo.–Do. 9–12 und 14–16 Uhr, Fr. 9–12.30 Uhr

🔴**149** Scriptor-Brennerei, Litzenhardtstr. 40, Tel. 0721 866153, www.scriptor-brennerei.de, Sa. 11–14 Uhr

Märkte

Karlsruhe bietet fast jeden Tag, vor allem aber samstags, Gelegenheit zum Marktbummel. Viel Flair bietet der **Markt auf dem Gutenberg-**

057 kr.gs

platz **19** in der Weststadt (Di., Do., Sa. 7.30–14 Uhr), der nicht nur als der älteste, sondern auch als der schönste Markt der Stadt gilt. Über 40 Händler bieten alles, was schmeckt: Back- und Teigwaren, Fisch, Geflügel, Wild, Fleisch und Wurst, Milchprodukte, Obst und Gemüse, dazu Spezialitäten aus vielen Ländern.

Beliebt sind auch der tägliche **Blumenmarkt** (Mitte Januar–Mitte November Mo.–Sa. 9–20 Uhr) auf dem Marktplatz **1** und der Wochenmarkt auf dem **Marktplatz in Durlach** (Mo.–Sa. 7.30–14 Uhr), bei dem Obst und Gemüse, Fleisch und Fisch, aber auch Käse, Wurst und Backwaren im Angebot sind. Mittwochs bieten zudem Selbsterzeuger aus der Region ihre Produkte in Durlach an.

Biowaren kommen beim Wochenmarkt auf dem **Stephanplatz** ([D3], Mo., Mi., Fr. 7.30–14 Uhr) zum Verkauf. In der Nordweststadt locken die Händler auf dem **Walter-Rathenau-Platz** (Di. und Sa. 7.30–14 Uhr), in der Oststadt auf dem **Gottesauer Platz** (Durlacher Allee [I3], Mo., Mi., Fr. 7.30–14 Uhr) und in der Südstadt ist der Indianerbrunnen auf dem **Werderplatz** ([F4], Di., Fr., Sa. 7.30–14 Uhr) Treffpunkt der Marktbummler.

Freunde des Trödels sind auf den **Flohmärkten** bestens aufgehoben: freitags gewöhnlich am Wildparkstadion **23** (8–14 Uhr), jeden ersten Samstag im Monat auf dem **Stephanplatz** (8–16 Uhr). Mehrmals jährlich auch ist der **Messplatz** an der Durlacher Allee oder auch der **Schlossplatz** vor der Durlacher Karlsburg Treffpunkt der Flohmarktbesucher.

> www.karlsruhe.de/b3/maerkte/ wochenmarkte.de

⌂ *Blumenmarkt in Karlsruhe*

⌐ *Beliebte Freizeitoase: die Günther-Klotz-Anlage im Westen der Stadt*

Karlsruhe zum Träumen und Entspannen

Orte zum Abschalten gibt es genug, schließlich gründete sich Karlsruhe vor gut 300 Jahren mitten in einem Waldgebiet, das auch heute noch existiert, dem Hardtwald. Im Mittelalter hielten die Bauern der angrenzenden Dörfer dort ihre Rinder und Schweine, heute bieten Buchen, Eichen und Linden – vor allem aber Kiefern, die zwei Drittel aller Bäume im Staatsforst ausmachen – den Rahmen für Spaziergänge oder Radrundfahrten.

Der **Hardtwald** ist Karlsruhes grüne Lunge, ein großer Naherholungsbereich, der grob betrachtet von Schwetzingen bis Rastatt reicht und in dem sich Radler ebenso wohl fühlen wie Jogger und Wanderer. Viele Wege sind als Lauf- oder Walkingstrecken markiert. Schutzhütten und Ruhebänke laden zum Verweilen und selbst mit dem Kinderwagen ist man hier bequem unterwegs. Der sandige Boden des Waldes, der auf einer riesigen Düne steht, die zum Ende der Eiszeit angeweht wurde, ist fein.

Als Freizeitoasen und Frischluftspeicher dienen neben den Wäldern, die ein Viertel des Karlsruher Stadtgebietes bedecken, vor allem die großen innerstädtischen Grünanlagen wie der **Botanische Garten** ❸, der **Schlossgarten** (s. S. 19), der **Nymphengarten** [E3] oder der **Zoologische Stadtgarten** ⓱. 2150 ha machen die städtischen Rasenflächen heute aus, deren größte und vielleicht auch schönste die zwischen der Südweststadt und Grünwinkel gelegene und nach dem ehemaligen Oberbürgermeister benannte **Günther-Klotz-Anlage** (hinter der Europahalle [A5]) ist – im Volksmund gern „Klotze" genannt. Das an der Alb gelegene Gelände kann mit großen Spiel- und Liegewiesen, kleinen Seen samt Bootsverleih, Spielfeldern, Pisten für Skater und einer offiziell ausgewiesenen Auslauffläche für Hunde wuchern. Beliebter Treffpunkt ist ein volksnah „Mount Klotz" geheißener Hügel, von dem beim „FEST" (s. S. 96) Zehn-

055kr.gs

030kr·gs

tausende die Konzerte auf der Hauptbühne verfolgen.

Rund ein Viertel des Stadtgebiets steht inzwischen **unter Naturschutz,** allen voran die Rheinauen und das Gebiet entlang der Alb – einem Schwarzwaldflüsschen, das beim Ölhafen in den Rhein mündet. Ein eigens ausgewiesener **Gewässererlebnispfad** in der Günther-Klotz-Anlage erlaubt es zudem, auf Steinen die Alb zu queren und sich über die Wirkung der Strömung oder die Lebewesen im Wasser zu informieren.

Als Rückzugsgebiet für Tiere und Pflanzen ist der „**Alte Flugplatz**", der ehemalige vom US-Militär genutzte Airport in der Nordweststadt, ausgewiesen: Seltene Vogelarten haben dort eine neue Heimat gefunden, unbeeindruckt von den vielen Joggern, Radfahrern oder Hundefreunden, die dort ihre Vierbeiner an der Leine ausführen. Einen Abstecher wert

sind immer auch die **Rheinauen** bei Daxlanden, die im Sommer oft überlaufen sind und an schwül-heißen Tagen einem Tropenwald gleichkommen können. Ausgeschilderte Wege laden zur Eroberung der Gegend, in der jahrhundertealte Bäume fast Jahr für Jahr kleine und große Hochwasser überstehen. Libellen und Ringelnattern fühlen sich hier wohl, Störche und Schmetterlinge, Fledermäuse und Enten, Pirol und Rohrammer, Kormoran und Frosch. Nicht zuletzt locken in Karlsruhe und Umgebung zahlreiche **Baggerseen** mit glasklarem Wasser alle Sommerfrischler.

◩ *Zu Spaziergängen laden die Rheinauen im Westen der Stadt ein*

▷ *Die traditionelle Frühjahrsmess' ist ein Spaß für Jung und Alt*

Zur richtigen Zeit am richtigen Ort

Bunt und vielfältig ist der jährliche Veranstaltungsreigen, bei dem Jung und Alt ebenso auf ihre Kosten kommen wie Freunde moderner Künste und Liebhaber alter Traditionen. Unter https://kalender.karlsruhe.de/ kalender/db/termine kann man sich über aktuell stattfindende Veranstaltungen informieren.

❯ art KARLSRUHE: große Kunstmesse für klassische Moderne und Gegenwartskunst (Febr., www.art-karlsruhe.de)

❯ Internationale Händelfestspiele: Weltberühmte Künstler treffen sich jährlich im Namen des barocken Komponisten Georg Friedrich Händel zu Opern, Oratorien und Sinfonien (Febr./März, www.haendel-karlsruhe.de).

❯ Independent Days Filmfest: unabhängiges Low- und No-Budget-Filmfestival, bei dem mehr als 100 Filme aus vielen Dutzend Ländern zur Aufführung kommen (April, www.independentdays-filmfest. com)

❯ Frühjahrsmess': Frühjahrsjahrmarkt auf dem Messplatz (April/Mai, www.karls ruhe.de)

❯ Hoepfner Burgfest: Pfingsttreffen bei Musik und Bier in der Oststadt, organisiert und finanziert von der namensgebenden Karlsruher Großbrauerei (Pfingsten, www.hoepfner.de)

❯ Hafen-Kultur-Fest: Bühnenprogramm, Regatta, Schiffskorso und Hafenrundfahrt im Rheinhafen (Juni, www.rhein hafen.de)

❯ Durlacher Altstadtfest: traditionelles Bürgerfest in der Durlacher Altstadt (Anfang Juli, www.altstadtfest-durlach. de)

❯ African Summer Festival: afrikanisches Kulturfestival im Otto-Dullenkopf-Park. Musik, Tanz und kulinarische Spezialitäten, dazu Trommelworkshops, Basar, Modenschau und Lesungen (Juli, www. africansummerfestival.de).

❯ ZELTIVAL: mehrtägiges Festival für Musik, Tanz und Comedy im Kulturzentrum Tollhaus (Juli, www.tollhaus.de)

❯ Brahmsplatzfest: Straßenfest im Stadtteil Mühlburg mit Jazz und Klassik (Juli, kulturnetzwerk-muehlburg.de)

❯ KAMUNA (Karlsruher Museumsnacht): Anfang August präsentieren sich die

O58kr-gs

Museen bis tief in die Nacht (Aug., www. kamuna.de).

❯ **Schlosslichtspiele:** Für ein paar Stunden wird die Barockfassade des Schlosses zu einer riesigen Leinwand und Kulisse kultureller Aktionen (Aug./Sept., www. schlosslichtspiele.info).

❯ **Karlsruher Theaternacht:** Zehn Karlsruher Bühnen geben Einblick in ihr jeweiliges Schaffen (Sept., www.karlsruher-theaternacht.de).

❯ **Baden-Marathon:** Langstreckenlauf durch die Stadt, auch als Halbmarathon (Sept., www.badenmarathon.de)

❯ **Karlsruher Oktoberfest:** feucht-fröhliches Event auf dem Messplatz an der Durlacher Allee (Sept./Okt., www.karlsruher-oktoberfest.de)

❯ **Stadtfest Karlsruhe:** verkaufsoffener Sonntag mit buntem Programm in der Innenstadt (Okt., www.karlsruhe.de)

❯ **Herbstmess':** traditioneller Jahrmarkt (Okt./Nov., www.karlsruhe.de)

❯ **Christkindlesmarkt:** Weihnachtsmarkt in der Innenstadt, der als einer der größten Südwestdeutschlands gilt (Nov./Dez., www.karlsruhe.de)

❯ **Mittelalterlicher Weihnachtsmarkt Durlach:** Budenzauber im Schatten der Karlsburg (Ende Nov./Dez., www.karlsruhe-tourismus.de)

EXTRATIPP

DAS FEST – das Fest der Feste

Jährlich am letzten Wochenende vor den baden-württembergischen Sommerferien, meist Ende Juli, ist die Günther-Klotz-Anlage Treffpunkt der Massen. DAS FEST heißt schlicht das **größte Festival der Stadt,** das drei Tage lang Jung und Alt zusammenbringt. Der Zugang zum **Festivalgelände** ist kostenlos, jedoch benötigt man für den Hügelbereich um die Hauptbühne ein kostenpflichtiges Zugangsticket. Anders als viele andere Großveranstaltungen richtet sich das Fest an keine feste Zielgruppe. So ist in Karlsruhe für die Simple Minds oder Silbermond ebenso Platz wie für Clueso, Juli, PUR oder New Model Army. Ältere Festivalgäste schätzen das sonntägliche Klassikkonzert und für die Allerjüngsten gibt es einen eigenen Spielbereich. Für 2018 empfiehlt sich eine frühzeitige Vorbestellung der Karten, die 135.000 Tickets für dieses Jahr sind längst verkauft!

❯ www.dasfest.de

☑ *Christkindlesmarkt auf dem Friedrichsplatz*

059kr-sm©Roland Tränkle

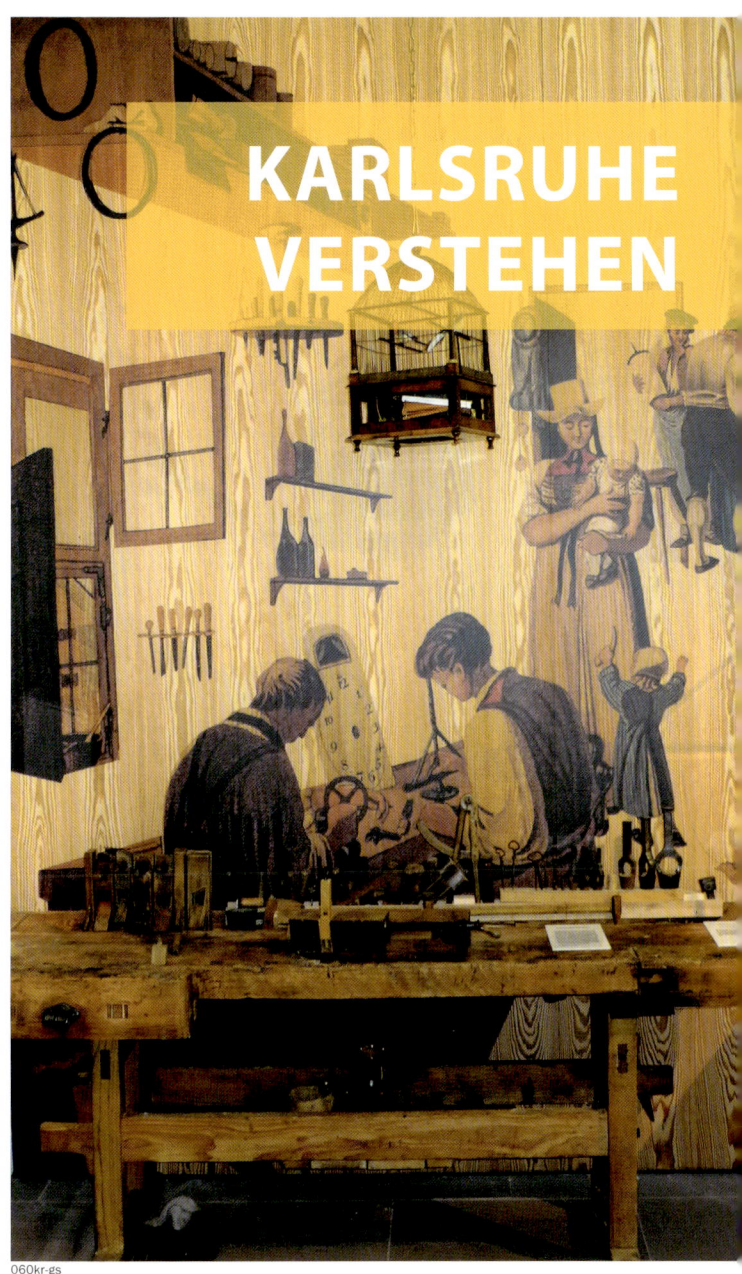

KARLSRUHE VERSTEHEN

Das Antlitz der Stadt

Fürstliche Vergangenheit, wie sie sich im Schloss und anderen Bauten aus dem frühen 19. Jahrhundert zeigt, hat sich in Karlsruhe längst mit multikultureller, von Technik betonter Gegenwart vereint – und so der Zukunft ihren Weg geebnet. Kilometerlang sind die Fußgängerzonen, Seiten füllend die Kulturangebote in der Lokalzeitung oder den regionalen Blogs. Kino und Theater gibt es zuhauf, genau wie mehrstöckige Verkaufstempel, aber auch Kleinkunstbühnen und Wochenmärkte. In alten Fabriken ist neues Leben eingezogen und Kreative haben dort neue Arbeitsplätze gefunden. Und spätestens zum Ende des Jahrzehnts will die Stadt ihren öffentlichen Nahverkehr in der Kernstadt weitgehend unter die Erde gelegt haben. Dann gehören die jetzt noch störenden Großbaustellen der Vergangenheit an und die sogenannte Kombilösung ist realisiert, das ehrgeizigste Projekt der jüngsten Karlsruher Stadtgeschichte (www.diekombiloesung.de).

Politisch betrachtet ist Karlsruhe in Deutschland nur eine Stadt unter vielen, aber sie ist eine einstige Metropole, die man nach dem Zweiten Weltkrieg mit angesehenen Behörden wie dem Bundesgerichtshof, dem Bundesverfassungsgericht oder der Bundesanstalt für Wasserbau getröstet hat. Karlsruhes Kicker sind nur noch in der dritten Liga unterwegs, Sterneköche muss man mit der Lupe suchen. Mercedes neben Maserati findet man eher im benachbarten Baden-Baden, wo die Edelschlitten vor Kurhaus und Casino parken. **Schickimicki ist anderswo!**

Dennoch strahlt die Stadt viel **Selbstvertrauen** aus, was sich nicht nur in den neuen unterirdischen Schienenstrecken zeigt, sondern auch mit der Ausweisung immer neuer kultureller Zentren in den Randzonen. In Karlsruhe ist es das Sein, das dominiert, nicht der Schein. So ist man in der Großstadt zwischen Schwarzwald und Rhein besonders stolz, mit den höchsten deutschen Prozentsatz an **Carsharing** zu haben, sich also ein Auto zu teilen, statt es zu besitzen. **Radlern** werden auf extra ausgewiesenen Fahrradstraßen

◁ *Vorseite: Heimarbeit bestimmte lange Zeit die Wirtschaft im Schwarzwald, wie diese Werkstattimpressionen im Deutschen Musikautomatenmuseum* **31** *in Bruchsal zeigen*

061kr-fo ©marcelheinzmann

EXTRAINFO

Die Stadt in Zahlen
> Einwohner: 310.000
> Fläche: 173,46 km²
> Höhe ü. M.: 115 m
> Kfz-Kennzeichen: KA

Privilegien gegenüber Autofahrern eingeräumt und für die Fahrer von Bussen und Bahnen werden Ampeln immer öfter eigens freigeschaltet. Kaum eine andere deutsche Stadt priorisiert inzwischen so den **öffentlichen Nahverkehr**. Auch das autonome Fahren, also der Verzicht auf die persönliche Steuerung des Fahrzeugs, wird in und um Karlsruhe zurzeit in Großversuchen erprobt. Hinzu kommt, dass das universitäre Umfeld wie ein Mikrokosmos für junge Startup-Unternehmen wirkt.

173,46 km² ist das **Stadtgebiet** Karlsruhes groß, eines von 14 Oberzentren Baden-Württembergs. Die größte Ausdehnung in Nord-Süd-Richtung beträgt 16,8 km, in Ost-West-Richtung 19,3 km. Man hat Karlsruhe in **27 Stadtteile** gegliedert, die selbst wieder häufig in Stadtviertel geteilt sind. Touristisch spielen die meisten keine Rolle. Als Keimzelle gilt **Durlach**, das 1938 gegen den Willen seiner Einwohner nach Karlsruhe eingegliedert wurde und lange Zeit größer als „Carols-Ruhe" war. **Grötzingen** wurde 1974 eingemeindet, ein altes Bauerndorf mit schönen Fachwerkhäusern, das um die vorletzte Jahrhundertwende vielen Malern als

Wohnort diente und deshalb gern „Badisches Malerdorf" genannt wird. Auf dem Weg nach **Ettlingen** liegt **Rüppurr**, das sich östlich des Alb-Flüsschens auf einer Kiesinsel erstreckt. Weit älter als Karlsruhe ist auch das 1886 eingemeindete **Mühlburg** (s. S. 54). Seine Burg soll einst als Steinbruch für den Bau des Karlsruher Schlosses gedient haben. Jahrhundertealt sind auch die am Rhein gelegenen Gemeinden **Neureut**, **Knielingen** und **Daxlanden** (s. S. 54).

Vom starken Wirtschaftswachstum nach dem Krieg zeugen Stadtteile wie **Waldstadt** und **Oberreut**. Es sind am Reißbrett entstandene Trabantenstädte und waren zum Teil die städtebauliche Antwort auf die beginnende Sanierung der Altstadt, in der preiswerte Wohnungen immer knapper wurden und billiger Wohnraum vor allem für kinderreiche Familien gefragt war. Nach dem Abzug der amerikanischen und französischen Truppen, die über viele Nachkriegsjahrzehnte in Karlsruhe stationiert waren, konnte die Stadt neue Wohngebiete wie

062kr gs

> *Südeingang zum Zoologischen Stadtgarten* **17**

< *Vom Turmberg in Durlach* **25** *bietet sich der beste Blick über Karlsruhe*

Von den Anfängen bis zur Gegenwart

„Die ganze Stadt trägt den Charakter der Regelmäßigkeit und modernen Eleganz. An kirchlichen Bauwerken sind zu erwähnen: die evangelische Stadtkirche mit der Fürstengruft, die katholische Stadtkirche, die neue katholische Kirche im Stadtteil Mühlburg, die evangelisch-lutherische und die katholische Liebfrauenkirche, ... sowie die Synagoge. Unter den Profanbauten ist zunächst hervorzuheben das 1751–76 im altfranzösischen Stile erbaute Residenzschloß [...].“
Meyers Conversationslexikon 1897

„Hier sind die Kinder schön und allerliebst, der Markgraf gefällig und unterhaltend, die Markgräfin gesprächig, der Erbprinz in seinen Augenbrauen retranchirt aber gutwillig, die Erbprinzessin sehr passiv am Gängelbande der Frau Schwiegermama [...]“
Johann Wolfgang von Goethe, deutscher Dichter, der Karlsruhe 1774 und 1779 besuchte

„Es ist schade, das du diese Stadt, die wie ein Stern gebaut ist, nicht gesehen hast. Sie ist klar und lichtvoll wie eine Regel, und wenn man hineintritt, so ist es, als ob ein geordneter Verstand uns ansprüche“.
Heinrich von Kleist anno 1801 in einem Brief an seine Schwester

die **Nordstadt** auf dem Gelände der ehemaligen amerikanischen Siedlung schaffen. Sie ist der jüngste Karlsruher Stadtteil, in dem Straßennamen wie Tennesseeallee noch an die einst dort lebenden US-Soldaten erinnern.

Offiziell ist Karlsruhe erst gut dreihundert Jahre alt, seine Geschichte aber wurzelt tiefer. Schon in der Bronze- und Eisenzeit siedelten zwischen Schwarzwald und Rhein, der durch die Tiefebene immer wieder neu formiert Richtung Norden drängte, hin und wieder Menschen. Zumindest belegen das archäologische Funde im heutigen Stadtgebiet. Greifbarer wird die Regionalgeschichte aber erst mit den Römern, die im ersten Jahrhundert nach Christi Geburt am Rhein Quartier bezogen, um die Grenzen ihres Reiches Richtung Osten abzusichern.

Daxlanden, Knielingen, Grötzingen und **Hagsfeld,** heute alle nach Karlsruhe eingemeindet, waren schon im Frühmittelalter besiedelt. Bedeutender für die Stadtgeschichte aber ist die Gründung des **Klosters Gottesaue,** als sich Ende des 11. Jahrhunderts Benediktiner vom Kloster Hirsau in der damaligen Halbwildnis ansiedelten, um das Land ringsum zu kultivieren. Damals auch baute man eine erste Burg auf dem Turmberg, zu dessen Füßen schließlich **Durlach** entstand. Sein Aufstieg zur wirtschaftlichen und kulturellen Metropole begann aber erst Mitte des 16. Jahrhunderts, nachdem **Markgraf Karl II.** (1529–1577) den Sitz der durch Erbteilung neu entstandenen Markgrafschaft Baden-Durlach von Pforzheim nach Durlach verlegt hatte und die Karlsburg zur Residenz erkor.

Seine Nachfolger vergrößerten die Anlage, doch im pfälzischen Erbfolgekrieg legten französische Truppen Durlach in Schutt und Asche. Sein Wiederaufbau stand unter keinem guten Stern, weil die Bürger für den Neubau der Herrschaftsgebäude nicht viel Geld aufbringen wollten. Kein Wunder, dass **Markgraf Karl III.** **Wilhelm** (1679–1738), der 1709 die Regierungsgeschäfte übernommen hatte, im benachbarten Hardtwald ein großes Waldstück roden ließ, um dort sein neues Schloss zu bauen. Wie seine Verwandten in Rastatt oder Ludwigsburg plante auch er seine neue Residenz in barocker Großmannssucht – mit einem großen Turm, mit dem er sich quasi in den Mittelpunkt der Welt rückte. Um Carols-Ruhe so schnell wie möglich zu besiedeln, verteilte Karl III. Wilhelm kostenlose Bauplätze, Holz und Sand. Zudem versprach er allen Neubürgern die Abschaffung der Leibeigenschaft und langjährige Zoll- und Steuerfreiheit. Bereits vier Jahre nach der Grundsteinlegung siedelten rund 2000 Menschen um das neue Schloss herum.

Als der Stadtgründer 1738 vermutlich an einem Herzinfarkt starb, fiel die Regentschaft seinem Enkel **Karl Friedrich von Baden** (1728–1811) zu. Weil der damals erst 10 Jahre alt war, führte bis 1746 eine Vormundschaftsregierung die Amtsgeschäfte, aber dann bestimmte Karl Friedrich für den Rest des Jahrhunderts die Geschicke der Stadt. Als erstes entschloss er sich, das marode gewordene Schloss neu bauen zu lassen – mit kleinerem Turm, der klar machte, dass der neue Herrscher auf Prunk und Protz weniger Wert legte als sein Vorgänger. Außerdem schaffte er die „Tortur" ab, die Folter zur Erzwingung von Geständnissen, und anno 1783 auch die Leibeigenschaft. Seine Hofapotheke gab kostenlos Medikamente an Bedürftige ab, Helferinnen kümmerten sich um Waisenkinder.

Unter Karl Friedrichs Herrschaft wurden Karlsruhes Straßen gepflastert und es gab erste Straßenbeleuchtungen. Der Anbau von Kartoffeln wurde ebenso wie der von Tabak und Mais staatlich gefördert. Spargel und Artischocken, ja sogar Ananas wurden gezüchtet. Schloss Gottesau wurde zum landwirtschaftlichen Vorzeigebetrieb.

Im Gegensatz zu seinem Großvater, der hinter jedem Rock her war, führte Karl Friedrich mit der hessischen Prinzessin **Karoline Luise von Hessen-Darmstadt** (1723–1783) eine vorbildliche Ehe. „Keine Französin gibt es, die so viel Geist, Wissen und Höflichkeit besäße wie sie", schwärmte Voltaire von der Markgräfin, der sie wie viele große Dichter und Denker – von Herder bis Goethe – in Karlsruhe besucht hatte. Die Landesmutter interessierte sich für Theater und Musik, Kunst und Naturwissenschaft und von ihrer Sammelleidenschaft profitieren noch heute Karlsruhes Museen.

In Karl Friedrichs Regierungszeit fiel die Wiedervereinigung der Markgrafschaften von Baden-Baden und Baden-Durlach, die seit 1535 getrennt waren, zur neuen Markgrafschaft Baden. 1806 wurde Karl Friedrich Kurfürst, drei Jahre später Großherzog des neuen **Großherzogtums Baden**, das vom Main bis zum Bodensee reichte und fast eine Million Bewohner zählte. Kein Wunder, dass sich Karlsruhes Einwohnerzahl bis Anfang des 19. Jahrhunderts fast verdoppelt hatte. 1811 folgte Karl Friedrich I. sein Enkel im Amt nach: **Großherzog Karl Ludwig Friedrich** (1786–1818), dessen größtes Verdienst die Schaffung einer neuen Landesverfassung war: die damals angeblich freiheitlichste im Deutschen Bund.

063kr.gs

Anfang des 19. Jahrhunderts veränderte Karlsruhe sein Gesicht. Die klassizistischen Großbauten des Architekten **Friedrich Weinbrenner** (s. S. 28) verwandelten das Städtchen in eine Metropole. Zudem wurde der Rhein neu reguliert, was der wirtschaftlichen Entwicklung Karlsruhes zugute kommen sollte. **Großherzog Ludwig I.** (1763–1830), ab 1818 neuer Machthaber Badens, förderte Bildung und Wissenschaft. Das Polytechnikum wurde zur Keimzelle der Universität. Sein Nachfolger **Leopold** von Baden (1790–1852), der 1849 wegen des badischen Aufstandes vorübergehend nach Koblenz flüchten musste, kümmerte sich um neue Industrieansiedlungen. Dem anschließend regierenden **Großherzog Friedrich I.** (1826–1907) schließlich wird der erste große Rheinhafen zugeschrieben. Hinzu kam die Eisenbahn, die Mitte des 19. Jahrhunderts Karlsruhe mit der Welt verband.

Die zunehmende **Industrialisierung** ließ die Zahl der Einwohner weiter steigen. Im Süden, Osten und Westen entstanden neue Siedlungen und Häuser, die alten Stadttore wurden abgerissen, um mehr Platz zu schaffen. Für **kulturelles Aufsehen** sorgten „Promis" wie Franz Liszt, Richard Wagner oder Richard Strauss, die häufig in Karlsruhe zu Besuch waren und den Ruf der Stadt als „Klein-Bayreuth" festigten. Bis zu vierzig Opern standen zeitweise jährlich auf dem Theaterspielplan.

Auch wissenschaftliche Entdeckungen förderten Karlsruhes Ruf. Fritz Haber entdeckte den künstlichen Dünger und Heinrich Hertz kam in der Technischen Hochschule dem Geheimnis der elektromagnetischen Wellen auf die Spur.

Viel Leid und Zerstörung brachte der **Erste Weltkrieg**. Noch aber regierte ein Großherzog, **Friedrich II.** (1857–1928), der 1918 allerdings abdankte, nachdem ein Matrose und

⌂ *Kaiser Wilhelm I. hoch zu Ross auf dem Kaiserplatz [C2]*

einige Infanteristen das Schloss beschossen hatten. „Friedrich, gröscher Lump von Bade, komm' runner!", sollen sie den Monarchen aufgefordert haben, der daraufhin mit seiner Frau durch den Hinterausgang des Schlosses geflohen war. Damit war das Großherzogtum Baden Geschichte.

Es folgte die **Freie Volksrepublik Baden,** die in der Weimarer Republik zum Deutschen Reich gehörte. Massenarbeitslosigkeit und Inflation bestimmten anfangs ihr Gesicht. Es war der Nährboden für radikale Parteien wie die Nationalsozialisten, die Mitte der 1930er-Jahre auch in Karlsruhe zur bestimmenden Kraft wurden. Am Ende stand der **Zweite Weltkrieg,** der Elend und Zerstörung brachte. Mehr als 1700 Zivilisten und 5800 Soldaten wurden Opfer des Krieges, das Schicksal Tausender blieb ungeklärt.

Voller Optimismus wagte Karlsruhe den Neuanfang. Viele Hunderttausend Kubikmeter Schutt wurden weggeräumt, das politische Leben neu organisiert. Gegen den Widerstand der Badener wurde das neue **Bundesland Baden-Württemberg** gegründet, zu dessen Hauptstadt Stuttgart wurde. Im Gegenzug wurde Karlsruhe zur neuen „**Residenz des Rechts**": 1950 nahm der Bundesgerichtshof seine Arbeit auf, ein Jahr später das Bundesverfassungsgericht. 1964 war das alte Schloss komplett renoviert. Erste Fußgängerzonen und neue Tagungszentren entstanden, der öffentliche Nahverkehr wurde perfektioniert. Neuen Aufschwung brachte 1967 die **Bundesgartenschau,** die eine Neugestaltung vieler Grünanlagen, des Schlossareals und des Stadtgartens mit sich brachte. Über sechs Millionen Besucher bescherten der Stadt damals einen Rekordbesuch.

Ende der 1970er-Jahre rückte die **Rote Armee Fraktion (RAF),** eine linke Terrorgruppe, die Stadt in den Fokus der Öffentlichkeit. Im April 1977 ermordeten die Terroristen Generalbundesanwalt Siegfried Buback mit seinem Fahrer und einem Justizbeamten auf dem Weg zur Arbeit. In der Folge verwandelte sich die „Residenz des Rechts" für Jahre in einen Hochsicherheitstrakt. Es war eine Zeit des politischen Umbruchs, die im Januar

Geld aus Karlsruhe

*Statistisch gesehen stammt fast jedes sechste deutsche Geldstück aus Karlsruhe. An der Kreuzung Stephanienstraße/Karlstraße [D2] sind nämlich die **Staatlichen Münzen Baden-Württemberg** zu Hause, eine der größten deutschen Prägestätten. Ihr Münzzeichen ist seit 1872 ein großes „G", das alle Münzen prägt, die Karlsruhe entstammen.*

Schon im 18. Jahrhundert prägte man in Baden Geld. Aber erst Anfang des 19. Jahrhunderts baute man die Münze in der Stephanienstraße, deren Pläne auf Friedrich Weinbrenner zurückgehen. Zu den ersten Produkten zählten die aus feinstem Rheingold gefertigten 5-Gulden-Münzen mit dem Portrait des badischen Großherzogs Ludwig. Nach Auskunft des Bundesfinanzministeriums stammen derzeit rund 14 Prozent aller Euro-Umlaufmünzen aus Baden. Allein mit der Jahreszahl 2017 versehen werden dieses Jahr aus Karlsruhe fast 13 Millionen 2-Euro-Stücke und mehr als 150 Millionen Münzen im Wert zwischen 1 und 20 Cent in den Geldmarkt eingespeist.

064kr-gs

1980 in Karlsruhe zur Gründung der Partei „**Die Grünen**" führte.

Drei Fraunhofer-Institute, die Bundesforschungsanstalt für Ernährung und Lebensmittel, das Zentrum für Kunst und Medien und viele, zum Teil bundesweit renommierte Museen und weltweit anerkannte Bildungseinrichtungen machen Karlsruhes Attraktivität heute aus. Hinzu kommen Einkaufszentren, die zu den größten Südwestdeutschlands gehören. Kein Wunder, dass die **Demografen** der Stadt glänzende Zeugnisse ausstellen. Karlsruhe ist eine der wenigen deutschen Städte, der die Wissenschaft eine weitere **Verjüngung der Bevölkerung** prophezeit – ein Gütesiegel in einer Zeit, in der die Menschen immer älter werden.

Stadtgeschichte in Zahlen

786 Urkundliche Erwähung des Stadtteils Knielingen
1094 Gründung des Klosters Gottesau
1196 Erwähnung Durlachs als Stadt
1689 Französische Truppen legen Durlach in Schutt und Asche.
1715 Bau des ersten Schlosses im Hardtwald

1718 Johannes Sembach wird zum ersten Bürgermeister Carlsruhes gewählt.
1756 Als erste Lokalzeitung erscheint das „Carlsruher Wochenblatt".
1771 Nach der Wiedervereinigung der Markgrafschaften Baden-Durlach und Baden-Baden wird Carlsruhe Residenz der Markgrafschaft Baden.
1809 Carlsruhe zählt 78 Schneider, 61 Schuhmacher und 54 Wirte.
1817 Beginn der Rheinregulierung durch J.G. Tulla
1822 Bau des ersten deutschen Parlaments, dem Ständehaus
1843 Carlsruhe wird ans Eisenbahnnetz angebunden.
1846 Gründung einer freiwilligen Feuerwehr in Durlach
1877 Eine von Pferden gezogene Straßenbahn geht in Dienst.
1878 Carlsruhe nennt sich ab jetzt offiziell Karlsruhe.
1893 Eröffnung des ersten deutschen Mädchengymnasiums
1901 Die Zahl der Einwohner überschreitet die 100.000er-Marke.
1913 Eröffnung des neuen Bahnhofs
1923 Auf dem Höhepunkt der Inflation kostet ein Brot 110 Millionen Mark.
1945 Am 4. April besetzt die französische Armee die Stadt.
1953 Im Hertie-Kaufhaus läuft die erste Rolltreppe der Stadt.
1959 Bau der ersten Tiefgarage
1984 Aus Karlsruhe werden die ersten echten E-Mails Deutschlands versendet.
1993 Einweihung des neuen Zentrums für Kunst und Medientechnologie
2014 Karlsruhe knackt die 300.000-Einwohner-Grenze.
2017 Abstieg des KSC in die dritte Fußballbundesliga

⌃ *Denkmal für Karl Friedrich von Baden auf dem Schlossplatz [F2]*

Leben in der Stadt

Karlsruhe ist eine junge und moderne Stadt, was sie zum einen ihren vielen Forschungsinstituten und Bildungseinrichtungen, vor allem aber den mehr als 40.000 Studenten verdankt, die hier leben. Der Altersdurchschnitt ist niedriger als in den meisten vergleichbar großen Städten. Kulturelle Vielfalt garantieren die vielen Zehntausend Menschen mit Migrationshintergrund, die fast ein Drittel aller Bewohner ausmachen.

Das Statistische Landesamt Baden-Württemberg prophezeit Karlsruhe als einziger Stadt im Land bis 2035 sogar eine leichte **Verjüngung des Durchschnittsalters**, das im Stadtkreis schon jetzt bei rund 42 Jahren liegt. Der strukturelle und gesellschaftliche Wandel hat in den letzten Jahrzehnten auch bei den **Konfessionen** die Anteile verschoben. Dominierten bis 1987 die **Protestanten** in der Stadt, stellen heute die **Katholiken** deutlich mehr Einwohner. Fast die Hälfte der Bevölkerung aber – vor allem die in der City lebenden, wo die Einpersonenhaushalte dominieren – bekennt sich zu anderen oder gar keiner Glaubensrichtung. Auffallend sind die vielen **Freikirchen** und andere **christliche Gemeinschaften**. Auch die **jüdische Gemeinde** ist heute wieder mehrere Hundert Mitglieder stark. Am stärksten aber wächst die Zahl der **Muslime**, die seit 1989 zum Teil in einem „Deutschsprachigen Muslimkreis Karlsruhe e.V. (DMK)" organisiert sind.

Ein Großteil der Einheimischen, vor allem die Älteren, versteht sich als **Badner** oder **Badener**. Es ist ein Markenbegriff, mit dem sie sich vor allem gegenüber den Schwaben abgrenzen, den Württembergern, die im Osten des Bundeslandes Baden-Württemberg zu Hause sind. Am stärksten manifestiert sich dieses Selbstbewusstsein im **Badnerlied**, das hehre Frackge-

☑ *Der Rheinhafen gehört zu den Top Ten der deutschen Binnenhäfen. 6,7 Millionen Tonnen wurden hier 2016 umgeschlagen.*

065krgs

Wissenschaftsstandort Karlsruhe

Dass sich Karlsruhe im Vergleich zu anderen Städten dieser Größe so jung anfühlt, liegt an den Studierenden. Mehr als 40.000 sind es zurzeit, die bis zu 15 Prozent der Bevölkerung ausmachen. Allerdings kennt Karlsruhe kein ausgesprochenes Studentenviertel. Die Institute und Forschungslabore sind in der ganzen Stadt verteilt. Auch ergab eine Untersuchung des studentischen Lebens, dass die angehenden Akademiker die Fußgängerzonen der Stadt in punkto Mittagessen mehr schätzen als die Mensen.

Für die Wahl des Studienortes spricht in Karlsruhe – auch das haben die Meinungsforscher ermittelt – nicht die Lebensqualität oder günstige Studentenbuden, sondern einzig und allein der Ruf der Hochschulen. Mehr als die Hälfte aller Studenten sind am Karlsruher **Institut für Technologie (KIT)** *eingeschrieben. Es entstand 2009 als Zusammenschluss der Universität Karlsruhe (TH), heute KIT Campus Süd in der Karlsruher Innenstadt, mit dem Forschungszentrum Karlsruhe, heute KIT Campus Nord in der Gemeinde Eggen-stein-Leopoldshafen vor den Toren der Stadt. Durch diese Zusammenarbeit wurden Forschung, Lehre und Innovation in Baden noch enger verzahnt und das „KIT – Die Forschungsuniversität in der Helmholtz-Gemeinschaft" sicherte sich seinen Platz unter den hundert besten Universitäten der Welt.*

Zu den Wurzeln des renommierten Instituts zählt das 1825 in Karlsruhe gegründete Polytechnikum. Es war durch die Zusammenlegung der Bauschule des Architekten Friedrich Weinbrenner (s. S. 28) mit der von Johann Gottfried Tulla (s. S. 53) gegründeten Ingenieurschule und den Realklassen des Karlsruher Lyzeums entstanden. 1885 erhob der damals regierende Großherzog das Polytechnikum zur Technischen Hochschule, an der Forscher wie Heinrich Hertz die Existenz elektromagnetischer Wellen bewiesen. 1915 erhielt erstmals eine Frau den Doktortitel in Karlsruhe. 1967 wurde die Technische Hochschule in **Universität Karlsruhe** *umbenannt, durfte den alten Namen aber als Zusatzbezeichnung behalten. 1984 empfingen Karlsruher Forscher die erste E-Mail in Deutschland. Um ihre Kompetenz in der Forschung zu unterstreichen, nennt sich die Universität Karlsruhe seit 2005 „Forschungsuniversität".*

Zweites Standbein des KIT ist das 1956 gegründete ehemalige **Kernforschungszentrum Karlsruhe (KfK)**, *das lange Zeit den ersten deutschen Eigenbaureaktor und andere kern-*

066kr-gs

◁ *Den Campus Süd des KIT säumt viel Grün. Im Hochhaus forschen Physiker.*

technische Anlagen betrieb. Nach dem Ausstieg der Bundesrepublik aus der Atomenergie setzen die Karlsruher Forscher auf neue Großprojekte. Dazu gehören die Pilotanlage bioliq®, in der aus nachwachsenden Rohstoffen eine neue Generation von Biosprit erzeugt wird, oder KATRIN, die genauste Waage der Welt, mit der Forscherinnen und Forscher die Masse der geheimnisvollen Neutrinos messen wollen. Das sind Elementarteilchen, wie sie bei der Erforschung des Sonneninneren zum Einsatz kommen sollen. Viele Hundert Millionen Euro kosten diese Forschungsvorhaben, die Karlsruhes Ruf als Wissenschaftsstandort weiter mehren sollen. Dazu trägt seit Kurzem auch einer der größten deutschen Hochleistungsrechner bei, der eine Billiarde Rechenoperationen pro Sekunde erledigen kann. Eine Warmwasserkühlung steigert seine Energieeffizienz. Die Abwärme der 26 Millionen Euro teuren Anlage wird im Winter zudem zum Heizen angrenzender Gebäude verwandt.

Heute bietet das KIT - das fast 10.000 Mitarbeiterinnen und Mitarbeiter, davon circa 6000 Wissenschaftlerinnen und Wissenschaftler, in 125 Instituten beschäftigt - in elf Fakultäten mehr als 50 verschiedene Studiengänge an, von der Altbauinstandsetzung bis zur Mechatronik, der aktuellen Forschung vom Zusammenwirken von Mechanik und Elektronik.

Die meisten Studiengänge sind technischer Natur und gut zwei Drittel aller Studenten am KIT sind männlich. Mit 21 Prozent liegt auch der Ausländeranteil deutlich über dem an anderen deutschen Universitäten.

sellschaften ebenso beseelt wie ausgelassene Massenchöre in den Fußballstadien. Nur ungern lassen sich die Menschen in Baden als **„Badenser"** – die Betonung liegt auf der zweiten Silbe – titulieren. Das klingt für die Einheimischen wie ein Schimpfwort, auch wenn es Bildungsbürger und Literaten wie Goethe gern gebrauchten. Nach Auflösung des Großherzogtums Baden 1871 wurde der Begriff immer häufiger als geringschätzig gewertet, was Männer wie den Romanautor Karl May oder den Gesellschaftstheoretiker Friedrich Engels freilich nicht daran hinderte, die Badener weiter Badenser zu nennen. Selbst die Duden-Redaktion, die Hüterin der deutschen Sprache, strich den Begriff bis heute nicht aus ihrem Standardwerk.

Die Schwaben nennen die Karlsruher seit einem guten Jahrhundert hin und wieder auch **„Gelbfüssler"**. Viele Legenden ranken sich um diesen Begriff. Eine erzählt von badischen Soldaten, die im 18. Jahrhundert gelbe Gamaschen trugen. Und da im Badischen das gesamte Bein als Fuß bezeichnet wird, waren das daher die Gelbfüssler. Eine andere Geschichte nennt die Füße des badischen Wappengreifs als Erklärung des Necknamens.

Übrigens: Einen badischen Dialekt gibt es nicht, auch wenn die rund um Karlsruhe gesprochene **Mundart** – die Einheimischen nennen sie „Brigantendeutsch" – oft als badischer Dialekt bezeichnet wird. Was die Einheimischen als Mundart sprechen, ist ein **oberdeutsches Südfränkisch**, das südlich der Stadt alemannisch angereichert ist, Richtung Pforzheim württembergisch und zum Rhein hin auch manchmal pfälzisch. So heißt es in Karlsruhe „fümf" statt „fünf", „zehne" statt „zehn" oder „kansch" statt „kannst du". Patrioten wollen sogar eine weitere Sprachgrenze mitten durch die Stadt ausmachen: die sogenannte ai-oi-Grenze zwischen „Drai waiche Aier", wie es in Mühlburg heißt, und „Droi woiche Oier", wie man in Durlach sagt.

Typisch jedenfalls sind Sätze wie die jenes Mannes, der angesichts des Massenandrangs auswärtiger und heimischer Konzertbesucher vor der Schwarzwaldhalle einmal meinte: „Wenn alle nei'gehe, gehe natürlich net alle nei', awwer wenn net alle nei'gehe, gehe alle nei'!" Noch mehr Zungenakrobatik verlangt der Ratschlag eines aufmerksamen Zeitgenossen, der einen Besucher auf eine nicht mehr funktionierende Türklingel aufmerksam gemacht hatte: „Schelle Se net an sellere Schell, selle Schell schelt net; schelle Se an sellere Schell, selle Schell schellt!"

Manche Zeitgenossen sagen den **Karlsruhern** nach, etwas schwerfällig und langsam zu sein, während sich die Einheimischen dagegen als gemütlich bezeichnen würden. Im Gegensatz zu den Schwaben wissen sie auch, dass ein Dach über dem Kopf nicht unbedingt ein Eigenheim sein muss. Dass die Karlsruher gern frotzeln, liegt auch am Gefühl, von Stuttgart, der baden-württembergischen Landeshauptstadt, immer wieder übervorteilt zu werden. Sie haben die Menschheit deshalb geteilt: in Badische und Unsymbadische.

Wo Bundesgerichtshof und Bundesverfassungsgericht zu Hause sind

Männer und Frauen in scharlachroten Roben und weißen Beffchen haben Karlsruhe bekannt gemacht: die Richterinnen und Richter des Bundesverfassungsgerichts. Seit ihre Prozesse auch live vom Fernsehen begleitet werden, sind sie zu Medienstars geworden – zu Männern und Frauen, in denen das Grundgesetz öffentlich Gestalt annimmt. Denn wenn es darum geht, Parteien wie die NPD zu verbieten, den Stellenwert gleichgeschlechtlicher Lebensgemeinschaften gegenüber der Ehe auszuloten, die Freiheit der Kunst zu definieren, den Rahmen für Telefonüberwachungen abzustecken oder die Grenzen der Demonstrationsfreiheit festzulegen, ist das Bundesverfassungsgericht (BVerfG) die oberste juristische Instanz in der Bundesrepublik.

„So ist Karlsruhe im Bewusstsein unseres Volkes zu der Stadt geworden," schrieb der Staatsrechtler und SPD-Politiker Carlo Schmid (1896–1979) einmal, einer der Väter des Grundgesetzes und einstige Vizepräsident des Deutschen Bundestags, „darin jeden Tag kundgetan wird, dass in der Bundesrepublik die Unterstellung aller Funktionen der Staatsgewalt unter das Grundgesetz keine bloße Deklamation, kein bloßer Anspruch, kein bloßer Rechtsgrundsatz, kein bloßer Programmpunkt, sondern einklagbare und vollstreckbare Wirklichkeit ist, und zwar für jedermann". Karlsruhes **Verfassungshüter** müssen zwischen Bund und Ländern vermitteln oder ausloten, wie deutsches und europäisches Recht miteinander im Einklang stehen oder nicht. Sie kümmern sich um Fragen, die

Deutschland bewegen: Ob man im öffentlichen Dienst ein Kopftuch tragen darf oder ob es richtig ist, wie in Bayern in jedes Schulzimmer ein Kruzifix zu hängen. In der Sache selbst aber haben die Männer und Frauen in den roten Roben fast nie zu entscheiden. Denn die Verfassungsrichter überprüfen gewöhnlich nicht, ob die Vorinstanzen richtig geurteilt haben. Sie schauen nur, ob deren Entscheidungen mit dem Grundgesetz in Einklang stehen, weshalb Juristen Karlsruhe auch gern „Vorort deutscher Rechtsstaatlichkeit" heißen.

Wenn es um die Verfassung und ihre Auslegung geht, ist das Bundesverfassungsgericht sogar mächtiger als der Gesetzgeber. Denn um der Menschenwürde und der moralischen Autorität des Staates willen schützt das BVerfG das Recht vor der Macht – und damit auch die Inhaber der Macht vor der Versuchung, Recht allein dem Zweck unterzuordnen. Kein Wunder, dass die Mehrzahl der Verfahren in Karlsruhe **Verfassungsbeschwerden** sind, die jeder Bürger einreichen kann, wenn er sich in seinen Grundrechten verletzt glaubt. Kein Wunder aber auch, dass von den über 200.000 in Karlsruhe behandelten Eingaben nicht einmal tausend als wirklich verfassungswidrig behandelt wurden.

Als Verfassungsorgan unterliegt das BVerfG keiner Dienstaufsicht. Seine **sechzehn Richter und Richterinnen** wählt zur einen Hälfte der Bundestag, zur anderen der Bundesrat, jeweils mit Zweidrittelmehrheit. Ihre Amtszeit beträgt zwölf Jahre. Eine Wiederwahl ist ausgeschlossen. Jeder der zwei Senate des BVerfG ist so mit acht Topjuristen besetzt und beschlussfähig, wenn mindestens sechs Richter anwesend sind. We-

gen der geraden Anzahl der Richter sind sogenannte „Vier-zu-vier-Entscheidungen" möglich, es kann also zu Patt-Situationen in der Rechtsprechung kommen. In diesem Fall kann ein Verfassungsverstoß also nicht festgestellt werden.

Neben den Verfassungshütern sitzen in Karlsruhe auch die Richter des **Bundesgerichtshofs (BGH)**, der obersten Instanz in **Zivil- und Strafsachen**. Wie die Richter am BVerfG sind auch die BGH-Richter in Senate eingeteilt, die einen Vorsitzenden und sechs bis acht weitere Mitglieder haben. Zurzeit gibt es zwölf Zivilsenate und fünf Strafsenate, dazu acht Spezialsenate. Die Richter werden vom sogenannten Richterwahlausschuss, einem aus den 16 Länderjustizministern und 16 weiteren, vom Bundestag gewählten Mitgliedern zusammengesetzten Gremium, gewählt und vom Bundespräsidenten ernannt. Aufgabe des BGH ist es, die Einheit der Rechtsprechung zu wahren, das Recht fortzubilden, also an gesellschaftliche, kulturelle und technische Entwicklungen anzupassen, vor allem aber die Entscheidungen der ihm untergeordneten Gerichte zu überprüfen. Halten die Karlsruher Richter in Strafsachen eine Revision für begründet, so wird das angefochtene Urteil aufgehoben. Ist keine neue Strafzumessung vorzunehmen und keine weitere Beweisaufnahme nötig, kann Karlsruhe den Angeklagten aus rechtlichen Gründen freisprechen, in Übereinstimmung mit der Staatsanwaltschaft für die Mindeststrafe plädieren oder das Verfahren ganz einstellen. In Zivilsachen ist die Berufung begrenzter.

Ebenfalls in Karlsruhe ist der **Generalbundesanwalt** zu Hause, ein von der Bundesregierung ernannter politischer Beamter. Er untersteht dem

Bundesjustizministerium und teilt im Idealfall die sicherheitspolitischen Ansichten der amtierenden Regierung. Er steht der Staatsanwaltschaft des Bundes vor, die als Bundesanwaltschaft firmiert. Der Generalbundesanwalt ist vor allem bei **staatsgefährdenden Delikten** gefragt. So können ihn kriminelle und terroristische Vereinigungen auf den Plan rufen, Straftaten wie Mord, Totschlag, Geiselnahme oder schwere Brandstiftung, kurz alles, was die Sicherheit der Bundesrepublik bedroht. Vor allem der internationale Terrorismus hat den Generalbundesanwalt in den letzten Jahren immer wieder in den Blickpunkt der Öffentlichkeit gerückt. An die Bilder in Karlsruhe vorgeführter Bombenbastler und Planer blutiger Anschläge haben sich Millionen Fernsehzuschauer inzwischen fast schon gewöhnt.

Bundesgerichtshof und Bundesverfassungsgericht, die in den frühen 1950er-Jahren in Karlsruhe angesiedelten Behörden, haben die Stadt längst zur „Residenz des Rechts" gemacht. Angeblich wollte der Bund damals den Imageschaden kompensieren, den Karlsruhe mit der Vergabe der baden-württembergischen Landeshauptstadt nach Stuttgart erlitten hatte. So brachte man den **Bundesgerichtshof** anfangs auf dem Gelände des ehemaligen **Erbgroßherzoglichen Palais** unter, in dem heute neben dem Präsidenten die Verwaltung des BGH und einige Zivilsenate zu Hause sind. Da die Behörde im Lauf der Jahre immer mehr Platz beanspruchte, kam Ende der 1950er-Jahre entlang der Herrenstraße ein **Neubau** hinzu, der heute den vier in Karlsruhe sitzenden Strafsenaten, dem Ermittlungsrichter des Bundes-

gerichtshofs und einigen Zivilsenaten Platz bietet. Südlich davon schließt sich ein abhörsicherer **Sitzungssaal für die Strafsenate** an.

War das Gelände bis in die späten 1970er-Jahre frei zugänglich, wurde die Anlage nach dem Mord an Generalbundesanwalt Siegfried Buback und einem missglückten Raketenangriff durch die **Rote Armee Fraktion** in eine Festung mit Doppelzaun verwandelt. Da die Arbeit im Lauf der Jahre noch mehr wurde, entschied man sich Ende des letzten Jahrtausends, die Bundesanwaltschaft in die Brauerstraße auszulagern und einen neuen, zur Parkanlage offenen Bau zu errichten, in dem heute neben der Bibliothek des Bundesgerichtshofs einige Zivilsenate samt Sitzungssälen Platz gefunden haben.

Eine lebhafte Baugeschichte kennt auch das **Bundesverfassungsgericht**. Zunächst war es im **Prinz-Max-Palais** zu Hause, einer Stadtvilla. Als die Verfassungsrichter schließlich wegen der Enge der Räume drohten, in andere Städte abzuwandern, stellte man ihnen das Gelände des im Zweiten Weltkrieg zerstörten Schlosstheaters für einen **Neubau** zur Verfügung. Ende der 1960er-Jahre entstand so ein Komplex aus fünf pavillonartigen, in der Höhe gestaffelten Baukörpern mit Flachdächern und quadratischem Grundriss, die in die Parkanlagen in Schlossnähe eingebettet wurden. Wegen der auch in den Folgejahren wachsenden Raumnot wurde der westliche Anbau des Schlosses als Registratur genutzt und 1992 über einen unterirdischen Verbindungsgang ans Gericht angebunden. Dazu kamen unterirdische Magazine für die Bibliothek und ein 2007 eingeweihter zusätzlicher Erweiterungsbau.

PRAKTISCHE REISETIPPS

An- und Rückreise

Karlsruhe ist aus allen Richtungen gut zu erreichen: per Schiene und Straße, aber auch mit dem Flugzeug via Baden Airport oder der internationalen Flughäfen Frankfurt, Stuttgart oder Straßburg. Innerhalb der Stadt und auch in die weitere Umgebung fahren öffentliche Verkehrsmittel, die ab 2018 – nach der Fertigstellung neuer, zum Teil unterirdischer Straßenbahntrassen – noch schneller werden. Wer allerdings auch das wirklich sehenswerte Umland – vom Schwarzwald bis in das Elsass – erkunden will, kann ein eigenes Fahrzeug gut gebrauchen.

Mit dem Auto

Die Anreise erfolgt in der Regel über die Rheintal-Autobahn, die aus **Norden** und **Süden** nach Karlsruhe führt, oder über die Autobahn München-Stuttgart-Pforzheim aus Richtung **Osten**. Aus Richtung **Westen** leitet den Autofahrer vom linksrheinischen Wörther Kreuz ebenfalls eine mehrspurige Tangente über den Rhein (Bundesstraße 10) ins Zentrum.

Wertvolle Hilfe für alle Reisenden ist das **Mobilitätsportal des Landes Baden-Württemberg** (www.svz-bw. de), das Straßensperrungen, Staus und Verkehrsbehinderungen auf den wichtigsten Autobahnen und Zubringern nach Karlsruhe anzeigt. Gro-

◁ *Vorseite: Auf Fahrradstraßen müssen Autofahrer Rücksicht nehmen. Auch dürfen Radler entspannt nebeneinander fahren, was auf anderen Straßen nicht erlaubt ist.*

ße Teile der Stadt sind aus Umweltschutzgründen nur mit der **grünen Plakette** erreichbar.

Immer mehr Freunde finden auch sogenannte **Mitfahrzentralen,** die die Anreise als Mitfahrer bei anderen Reisenden vermitteln. Diese Anreisevariante senkt Kosten, schont die Umwelt und ist eine gute Gelegenheit, neue Menschen kennenzulernen. Waren Mitfahrzentralen früher meist Sache junger Leute, nutzen heute auch Senioren die neuen Reisemöglichkeiten, die das Internet erschlossen hat. So vermitteln Reiseportale den genau passenden Fahrer samt Route. Manche Portale verlangen eine Vermittlungsgebühr, andere nicht.

❯ www.blablacar.de
❯ www.bessermitfahren.de
❯ www.fahrgemeinschaft.de

Mit dem Zug

Eine bequeme und bei langfristiger Vorausbuchung oft auch preisgünstige Anreisealternative zum Auto ist die Bahn, die meist auch schneller ist. Karlsruhe liegt auf der **Rheintalstrecke** zwischen Basel und Mannheim, wo täglich mehr als hundert schnelle Fernzüge Station machen. Züge aus **München** brauchen im besten Fall gut drei Stunden, aus **Berlin** knapp sechs. Von **Zürich** ist man in knapp drei Stunden in Karlsruhe, rund acht Stunden währen die Schienenfahrten aus **Wien**.

Vom **Bahnhof** [E6] gibt es gute Bus- und Straßenbahnanschlüsse in die City und die Vororte. Über die besten Verbindungen und Fahrpreise informieren die Websites der Bahngesellschaften.

❯ www.bahn.de
❯ www.sbb.ch
❯ www.oebb.at

068Krгs

Mit dem Bus

Für Reisende mit viel Zeit kommen auch Fernbusse zur An- und Abreise in Frage. Sie sind oft billiger als die Bahn. Die Haltestelle findet sich auf der Südseite des Karlsruher Hauptbahnhofs. Bei der Suche nach passenden Verbindungen helfen:

> www.busliniensuche.de
> www.fahrtenfuchs.de
> www.checkmybus.de

Mit dem Flugzeug

Rund 40 Kilometer südlich des Stadtzentrums liegt der **Baden-Airport**, der offiziell **Baden-Airpark** heißt. Von hier aus gibt es regelmäßige Flugverbindungen nach Hamburg und Berlin, meist sogar mehrmals am Tag. Vom Flughafen fährt der **Hahn-Express** (www.hahn-express.de), ein Shuttlebus, drei- bis viermal täglich zum Karlsruher Bahnhof (Fahrpreis: 5–10 €, Fahrtzeit: ca. 40 Minuten). Alternativ nimmt man den Linienbus 234 zum Bahnhof Rastatt, von wo einen Bahnen direkt in die Stadt bringen (Fahrpreis: 7,30 €, Fahrzeit: ca. 45 Minuten) oder man nimmt ein **Taxi**, das in einer guten halben Stunde die City erreicht (Fahrpreis bei Vorbestellung ca. 80 €).

Unter Umständen lohnt sich auch die Anreise über die Flughäfen in **Frankfurt**, **Stuttgart** oder **Straßburg**. Die Weiterreise ist von dort kein Problem. Vom Fernbahnhof Frankfurt verkehren regelmäßig ICE-Züge über Mannheim nach Karlsruhe, vom Flughafen Stuttgart geht es mit der S-Bahn zum Stuttgarter Hauptbahnhof, von wo ebenfalls schnelle Züge nach Karlsruhe fahren. Bus und Bahn bringen den Reisenden auch von Straßburg schnell nach Karlsruhe.

> www.baden-airpark.de
> www.flughafen-stuttgart.de
> www.frankfurt-airport.de
> www.strasbourg.aeroport.fr

⌂ *Intercity neben Tram-Train. Die Karlsruher Straßenbahnen nutzen den Wechselstrom der Bahn ebenso wie den Gleichstrom des städtischen Schienennetzes.*

069kr-gs

Autofahren

Wie in vielen Städten gibt es auch in Karlsruhe eine **Umweltzone**, die große Teile der Innenstadt umfasst (Innenstadt-Ost und -West, Südstadt, Südweststadt und Teile von Mühlburg und der Oststadt). Diesen Bereich dürfen nur Fahrzeuge mit einer **grünen Plakette** befahren. Verstöße werden mit einer Geldbuße von 80 € geahndet.

Autofahrern sei geraten, sich an die **Tempolimits** zu halten und keine **roten Ampeln** zu überfahren, da die Stadt in letzter Zeit an Ausfallstraßen und Ampelkreuzungen zahlreiche Kontrollanlagen fest installiert hat.

Parken

Die maximale **Parkdauer** auf bewirtschafteten Plätzen beträgt gewöhnlich zwei Stunden. Kurzzeitparken,

also Stopps bis zu 15 Minuten, kostet im Stadtkern 0,50 €. Danach steigen die Gebühren, jeweils nach weiterer 15 Minuten gestaffelt, stark an. Meist macht es Sinn, gleich ein **Parkhaus** anzusteuern statt lange nach einem freien Platz zu suchen.

Die Orientierung erleichtert ein **Parkleitsystem**, das freie Plätze im 5-Minuten-Takt neu anzeigt. Nützlich ist die von der Stadt entwickelte kostenlose **App KA Mobil**, die den Fahrer zu freien Parkplätzen lotst. Außerdem zeigt sie Behindertenparkplätze, P+R-Plätze und Parkhäuser an – vor allem aber Baustellen, die man weit umfahren sollte.

❯ https://web1.karlsruhe.de/service/ Parken

P150 [E4] **Kongresszentrum PH1,** Einfahrt Beiertheimer Allee 9. 420 Stellplätze in Theater- und Zoonähe, Mo.–So. 6.30–1.30 Uhr, Tarif 1,50 € pro Stunde, Abendpauschale (19–1.30 Uhr) 4 €.

P151 [E3] **Parkhaus Ettlinger Tor,** Einfahrt Lammstr. 21 oder Kriegsstr. 122. Großes, nur tagsüber (8–20, Do bis 22 Uhr) geöffnetes Parkhaus mit 785 Stellplätzen, Tarif ab 0,80 € pro Stunde.

P152 [F3] **Parkhaus Marktplatz,** Einfahrt Kreuzstraße. 250 Stellplätze mit günstigem Nachttarif (18–6 Uhr: 4 €), Mo.–Do. 6.30–24, Fr., Sa. 6.30–2, So. 12–20 Uhr, Tarif erste Stunde 2 €, jede weitere 1,50 €

🅿153 [F2] **Parkhaus Schlossplatz,** Einfahrt Am Schlossplatz. 351 Plätze, durchgehend geöffnet, Tarif 1,50 € pro Stunde, Sonn- und Feiertagspauschale: 2 €, Tageshöchstpauschale: 6 €

Mietwagen

Fast alle großen **Mietwagenfirmen** haben in Karlsruhe oder Umgebung Leihstationen. Einen Mietwagen sollte man am besten aber schon von zu Hause aus buchen, entweder direkt beim Verleiher oder über einen der Internet-Vermittler wie www.billiger-mietwagen.de.

Barrierefreies Reisen

Karlsruhe gehört zu den Städten, die mehr als andere Kommunen für Menschen mit Handicap tun. So werden **Gehörlose** auf der offiziellen Website der Stadt von einem Gebärdendolmetscher mit einem Video empfangen. Gebärdendolmetscher führen auch regelmäßig durch Museen wie die Staatliche Kunsthalle ❺. Viele Ampeln sind mit **Blindenanlagen** ausgestattet.

Außerdem hat Karlsruhe einen eigenen **Stadtplan** für Menschen mit Handicap aufgelegt, der über **Behin-**dertentoiletten und -parkplätze informiert. In Theatern und vielen Kirchen erleichtern spezielle Induktionsschleifen Schwerhörigen den Alltag. Der **Personennahverkehr** ist zu einem Großteil barrierefrei, allerdings gibt es noch immer Haltestellen und Linien, die nicht rollstuhltauglich sind. Für Personen mit Handicap gibt es einen eigenen Liniennetzplan.

❯ www.karlsruhe.de/b3/soziales/personengruppen/behinderte/barrierefreiheit
❯ www.karlsruhe-tourismus.de/planen/anreise/barrierefrei

Diplomatische Vertretungen

❯ **Österreichische Botschaft,** Stauffenbergstr. 1, 10785 Berlin, Tel. 030 202870, www.bmeia.gv.at/botschaft/berlin.html, Bereitschaftsdienst: Tel. 0172 9844066
❯ **Schweizerische Botschaft,** Otto-von-Bismark-Allee 4a, 10557 Berlin, www.eda.admin.ch/berlin

Geldfragen

Karlsruhe ist nicht teurer oder günstiger als andere südwestdeutsche Metropolen. Da **Businesshotels** am Wochenende oder in den Sommerferien häufig mit kräftigen Rabatten locken, kann eine Übernachtung von Freitag auf Samstag oder Sonntag auf Montag preiswerter sein als in der Woche. Alles in allem sollte man bei einer Übernachtung in der Innenstadt, Museums- und Theaterbesuche oder Ausflüge in die Umgebung eingerechnet, mit 110 bis 140 € pro Person täglich auskommen.

◁ *Für Elektromobile gibt es immer mehr Ladestationen wie hier in der Kaiserstraße [D2]*

Karlsruhe preiswert

*Viel Geld lässt sich mit der **Karlsruhe Card** sparen. Sie bietet kostenlosen Eintritt in den Zoologischen Garten* ⓱ *und viele große Museen wie die Staatliche Kunsthalle* ❺*, das Badische Landesmuseum* ❶ *oder das Staatliche Museum für Naturkunde* ❿*. Kostenlos kann man mit ihr seit Neuestem auch die Turmbergbahn (s. S. 53) in Durlach und die Schlossgartenbahn nutzen. Außerdem kann man mit ihr am Wochenende an den öffentlichen Stadtführungen teilnehmen. Verbilligten Eintritt bietet die Karte in das Badische Staatstheater* ⓰ *und das Europabad (s. S. 123).*

Die Karlsruhe Card (www.karlsruhe-tourismus.de/planen/karlsruhe-card) gibt es als 24-, 48- oder 72-Stunden-Karte in zwei Varianten: mit oder ohne Nutzung der öffentlichen Verkehrsmittel des Karlsruher Verkehrsverbundes. Zur Karte gehört auch eine kleine Informationsbroschüre mit Stadt- und Fahrplan im praktischen Taschenformat. Die Karte kostet je nach Nutzungsdauer 18,50, 22,50 oder 26,50€. Etwas günstiger ist sie, wenn man die öffentlichen Verkehrsmittel nicht nutzen will (12,50, 16,50, 20,50€). Erhältlich ist die Karlsruhe Card in der Touristeninformation (s. rechts) und in vielen Hotels sowie online.

*Viele **Restaurants** bieten ihren Gästen ein spezielles Mittagsmahl, das oft preiswerter ist als die üblichen Gerichte. Fragen Sie deshalb immer auch nach der Tageskarte! Eine erste Übersicht über Angebote bietet die Website ka-city.de/dinnerlounge/Mittagstisch.*

Informationsquellen

Infostelle in der Stadt

Die Tourist-Information Karlsruhe befindet sich gegenüber dem Hauptbahnhof. Sie bietet neben Ticketverkäufen aktuelle Informationen zu Ausflügen und Veranstaltungen. Im Angebot sind zudem Stadtpläne, Wanderkarten und Prospektmaterial sowie zahlreiche Souvenirs.

❶154 [E6] **Karlsruhe Tourismus GmbH (KTG),** Bahnhofplatz 6, 76137 Karlsruhe, Tel. +49 (0)721 37205383, www.karlsruhe-tourismus.de, Mo.–Fr. 8.30–18, Sa. 9–13, April–Oktober zusätzlich: So. 10–13 Uhr

Karlsruhe-Apps

❯ **KA-mobil.** Infos zu Fahrplänen von Bussen und Bahnen, dem Park-Leitsystem etc. (kostenlos für iOS und Android).

❯ **Maptory.** Im Rahmen eines Stadtrundgangs werden per „Augmented Reality" Karlsruher Persönlichkeiten vorgestellt, u. a. ein Erfinder, ein Bildhauer, eine Modemacherin und eine Frauenrechtlerin (kostenlos für iOS, es werden Kopfhörer empfohlen, um die App voll auszunutzen).

❯ **ZKM Flashback.** Videoclips vermitteln die Geschichte des ZKM | Zentrum für Kunst und Medien ⓲. Nach einer Körperdrehung im Uhrzeigersinn öffnet sich der nächste Clip, so soll die bewegte Geschichte des ZKM körperlich erfahrbar gemacht werden (kostenlos für iOS)

❯ **Trinkwasser Karlsruhe.** Führer der Stadtwerke zu allen öffentlich zugänglichen Trinkwasserbrunnen und Wasserspendern (kostenlos für iOS und Android).

❯ **Go Karlsruhe.** Für alle, die Karlsruhe zu Fuß besser kennenlernen wollen (kostenlos für Android).

Karlsruhe im Internet

> **www.karlsruhe.de:** offizielle Website der Stadt, auch mit touristisch relevanten Informationen
> **www.karlsruhe-tourismus.de:** offizielle Website des Tourismusamts der Stadt
> **www.bnn.de:** Onlineausgabe der „Badischen Neusten Nachrichten", der lokalen Tageszeitung
> **www.kulturinkarlsruhe.de:** informatives Portal mit guter Übersicht über die Kulturangebote der Stadt
> **www.ka-news:** populäre regionale Internetzeitung
> **www.kulturinkarlsruhe.de:** aktuelles Informationsportal des Stadtmarketings zur Kulturlandschaft in Karlsruhe

> **www.klappeauf.de:** Onlineausgabe der regionalen, monatlich erscheinenden Kulturzeitschrift „Klappe auf"

Publikationen und Medien

In Karlsruhe erscheinen die „**Badischen Neusten Nachrichten**", eine regionale Tageszeitung. Daneben gibt es einige kostenlose Anzeigenblätter und Stadtmagazine. Regionaler **Radio- und Fernsehsender** ist der Südwestrundfunk (SWR). Außerdem gibt es zwei private Fernsehsender (Baden TV und bw family.tv) und mehrere private **Hörfunkprogramme** wie das Campusradio des Karlsruher Instituts für Technologie.

Meine Literaturtipps

> *Karlsruher Spezialitäten, Edition Stolz, Freiburg 1982. Nachdruck eines 1816 erschienenen Buches, in dem der „Großherzoglich Badische Mundkoch" J. Stolz seine besten Rezepte zusammentrug – etwa Ochsenschwänze mit Sardellen und Kapern, Kalbskopf auf Schildkrötenart oder Schweins-Lummel mit Trüffelsoße.*
> *Naturführer Karlsruhe, verlag regionalkultur, Ubstadt-Weiher 2006. Informationsreicher und kompetenter Führer durch Karlsruhes Naturlandschaften mit vielen Wandervorschlägen. So lernt man Rheinauen, Flusslandschaften, Wälder und Streuobstwiesen am besten kennen!*
> *Piratenschatz und Pyramide, A. Liebers/S. Krauthäuser/N. Keipp, Lindemanns Bibliothek, Bretten 2009. Ein beispielhaftes und vorbildliches Jugendbuch, das jungen Lesern die Stadt und ihre Geschich-*

te näherbringt – für die Jüngsten gibt es farbige Illustrationen statt Fotos. So erreicht man Zielgruppen!
> *Die Naturschutzgebiete im Regierungsbezirk Karlsruhe, Jan Thorbecke Verlag, Stuttgart 2000. Die Bibel für alle Naturfreunde in der Region, 654 Seiten geballte Information und passende Farbfotos, die einem Flora und Fauna näherbringen. Gold wert sind die Besucherhinweise, die zu sehenswerten Rheinauen, Mooren, Wäldern und Wiesen führen.*
> *Kunst im Stadtraum – Skulpturenführer für Karlsruhe, Claudia Pohl, Lindemanns Bibliothek, Bretten 2005. Auf elf ausgesuchten Routen führt der mit 180 Abbildungen und 11 Plänen reich illustrierte Führer der studierten Kunstgeschichtlerin zur Kunst im öffentlichen Raum. 374 informative Seiten, die jeder gelesen haben sollte, für den Karlsruhe mehr als nur ein Wohnsitz ist.*

Ka-news.de ist ein regionales Nachrichtenportal, das als eines der ältesten regionalen deutschen Online-portale gilt. Besonders umfangreich informiert auch das **Stadtwiki Karlsruhe** (https://ka.stadtwiki.net), angeblich eines der größten der Welt. Aktuelle Tages- und Wochenzeitungen finden sich im Lesecafé der Stadtbibliothek ⓭.

Post

✉**155** [D2] **Hauptpost,** in der Postgalerie, 1. Obergeschoss, Kaiserstr. 217, Mo.– Sa. 9–20 Uhr

Internet

Karlsruhe, das stolz darauf ist, als erste deutsche Stadt das Internet genutzt zu haben, bietet inzwischen ein **frei zugängliches öffentliches WLAN-Netz.** Damit ist es Einheimischen, aber auch Touristen möglich, nach Registrierung kostenfrei und zeitlich unbegrenzt zu surfen – nur unverschlüsselt allerdings. Hotspots finden sich an über 30 Stellen der Stadt – unter anderem im Schlossgarten und auf dem Schlossplatz, auf dem Europa-, Friedrichs- und Stephanplatz. Alle Hotspots sind unter www.ka-wlan.de gelistet.

Das sogenannte **KA-WLAN** gibt es auch in vielen städtischen Einrichtungen wie Museen oder Bibliotheken und in einigen Straßenbahnlinien. Auch viele Cafés, Bistros, Restaurants und fast alle größeren Hotels bieten drahtloses Internet an.

▷ *Der Kinderspielplatz im Schlossgarten ist einer der größten der Stadt*

Medizinische Versorgung

Medizinisch ist Karlsruhe mit Krankenhäusern und Fachärzten gut ausgestattet. Täglich 24 Stunden geöffnet ist das **Städtische Klinikum Karlsruhe.**

✚**156** [A1] **Städtisches Klinikum Karlsruhe,** Moltkestraße 90 (Eingabe Navi: Franz-Lust-Straße 33), Tel. 0721 9742224, www.klinikum-karlsruhe.com

✚**157** [F3] **Apotheke Ettlinger Tor,** Ettlinger-Tor-Platz 1, Tel. 0721 464630, www.apotheke-ettlinger-tor-karlsruhe. de, Di.–Sa. 9–20 (Do. bis 22) Uhr

✚**158** [F2] **Löwen-Apotheke am Marktplatz,** Kaiserstraße 72, Tel. 0721 35409790, www.loewen-apotheke-ka. de, Di.–Fr. 8.30–19, Sa. 9–19 Uhr

❭ **Kassenärztlicher Bereitschaftsdienst:** Tel. 116117

❭ **Zahnärztlicher Notdienst:** Tel. 0721 9740

❭ **Kinderärztlicher Notdienst:** Tel. 0721 9743310

❭ **Augenärztlicher Notdienst:** Tel. 0721 81082363

❭ **Apotheken-Notdienst:** Tel. 0800 0022833 oder www.aponet.de

Mit Kindern unterwegs

Viele **Museen** wie die Staatliche Kunsthalle ❺, das Badische Landesmuseum ❶, das ZKM ⓲ oder das Staatliche Museum für Naturkunde ❿ haben spezielle Führungen und Angebote für Kinder und Jugendliche im Programm, über welche die Websites der Institutionen informieren. Kinderführungen bietet auch der **Zoo** ⓱, der zudem über einen eigenen Spiel- und Kletterplatz neben dem Streichelzoo verfügt. Mit einer großen Modelleisenbahn lockt das **Verkehrsmuseum** (s. S. 74) nicht nur an Regentagen.

Spiele, Bücher und CDs für die Jüngsten hält die **Stadtbibliothek** ⓫ bereit und wer im Freien toben, klettern oder Trampolin springen will, ist auf den **Aktivspielplätzen** in der Günther-Klotz Anlage [A5] richtig. Zentral liegt der Schlossgarten-Spielplatz.

●**159** [F1] **Schlossgarten-Spielplatz,** Ahaweg 6 (hinter dem Schlossgartensee)

Weitere Empfehlungen:

●**160 Alpaka-Trekking,** Im Wiesengrund 12, 76359 Marxzell, Tel. 0171 1745760, www.albtal-alpaka.de. Nach telefonischer Absprache geht man mit Daniel Fischer und seinen Alpakas auf eine 90-minütige Tour über Wald- und Wiesenwege durch das Albtal (10 € pro Kind).

●**161 Kart & Eventcenter,** Ottostraße 3d, Tel. 0721 15174449, www.kart-event center.de, Mo.–Do. 15–22, Fr. 15–23, Sa. 10–23, So. 10–20 Uhr. Mit bis zu 60 km/h donnern die Elektrokarts über die 370 m lange Piste. Ein Spaß, der bei Minutenpreisen von rund einem Euro allerdings ins Geld gehen kann.

●**162 Kindorado,** Daimlerstr. 7, Tel. 0721 7908905, www.kindorado.de, Mo.–Fr.14–19 (in den Schulferien auch früher), Sa./So.10–19 Uhr. Eintritt Kinder ab 6,90 €, begleitende Erwachsene 3,90 €. Spiel und Spaß für Kinder bis 12 Jahre. Im Angebot der großen Halle sind Kletterturm und Rutschen, Trampoline, Elektrokarts, Kicker, Flipper und Bälle jeder Größe.

●**163** [E4] **Minigolf am Zoo,** Beiertheimer Allee 27, Tel. 0721 356364, www.mini golf-ka.de, April–Okt. Di.–Fr. 14–20, Sa. 13–20, So. 11–20 Uhr, Eintritt: 4 €, Familienkarte 10 €. 18 Minigolfbahnen in Zoonähe.

●**164 Waldseilpark Karlsruhe,** Jean-Ritzert-Straße, Tel. 01578 1659929, www.waldseilpark-karlsruhe. de, März–Sept. 10–18 Uhr, Eintritt: 22 €, Kinder 15 €. Kletterwald-Parcours mit Hindernissen wie Brücken oder Netzen, die sich zwischen haushohen Bäumen in Durlach finden.

070kr-gs

Notfälle

Notrufnummern

> Polizei und Notruf: Tel. 110
> Feuerwehr und Rettungsdienst: Tel. 112
> Giftnotruf: Tel. 0761 19240

Fundbüro

> Fundbüro der Stadt Karlsruhe, Tel. 0721 1333381
> Fundbüro der Verkehrsbetriebe (Busse und Bahnen), Tel. 0721 61075890

Kartenverlust

Bei **Verlust der Debit-(EC-), Kredit- oder SIM-Karte** gibt es für Kartensperrungen eine **deutsche Zentralnummer** (unbedingt vor der Reise klären, ob die eigene Bank diesem Notrufsystem angeschlossen ist). **Aber Achtung:** Mit der telefonischen Sperrung sind die Karten zwar für die Bezahlung/Geldabhebung mit der PIN gesperrt, nicht jedoch für das **Lastschriftverfahren mit Unterschrift.** Man sollte daher auf jeden Fall den Verlust zusätzlich **bei der Polizei zur Anzeige bringen,** um gegebenenfalls auftretende Ansprüche zurückweisen zu können.

In **Österreich** und der **Schweiz** gibt es keine zentrale Sperrnummer, daher sollten sich Besitzer von in diesen Ländern ausgestellten Debit-(EC-) oder Kreditkarten vor der Abreise bei ihrem Kreditinstitut über den zuständigen Sperrnotruf informieren.

Generell sollte man sich immer die **wichtigsten Daten** wie Kartennummer und Ausstellungsdatum **separat notieren,** da diese unter Umständen abgefragt werden.

> Deutscher Sperrnotruf: Tel. 116116
> Weitere Infos: www.kartensicherheit.de, www.sperr-notruf.de

Radfahren

Karlsruhe gilt als eine der fahrradfreundlichsten deutschen Städte und so hat die Verwaltung in den letzten Jahren rund 150 km an Radwegen ausgewiesen.

Zu ihnen gehört auch eine Reihe von **Fahrradstraßen,** in denen Tempo 30 gilt und auf denen sich die Autofahrer den Radfahrern unterordnen müssen. Radler dürfen auf Fahrradstraßen zum Beispiel auch nebeneinander unterwegs sein. Zu den Fahrradstraßen gehören unter anderem Bismarckstraße, Seminarstraße, Hoffstraße oder auch Abschnitte der Sophienstraße und der Beiertheimer Allee.

Karlsruhe und Umgebung bieten eine Fülle empfehlenswerter **Radtouren.** Strecken zwischen 21 und 220 km, von der gemütlichen Familientour bis zur schweißtreibenden Profirunde, listet die Website **www. rad-karlsruhe.de.** „NaturRadTour" ist eine ganz neu ausgeschilderte, ebenerdige Strecke rund um die Stadt, die durch insgesamt acht Naturschutzgebiete führt und mit 42 km Länge auch familientauglich ist. Start und Ende der Rundtour ist das Schloss ❶.

Wenn Platz vorhanden ist, können Fahrräder kostenlos in **Stadtbahnen, Straßenbahnen, Zügen** und großen **Bussen** mitgenommen werden. Allerdings ist der Fahrgast verpflichtet, seinen Drahtesel „ständig festzuhalten" und ggf. auszusteigen, da die Mitnahme von Fahrgästen mit Kinderwagen oder Rollstuhlfahrern Vorrang hat. Im Zweifel entscheidet das Fahrpersonal. Werktags zwischen 6 und 9 Uhr ist die Mitnahme in Bahnen nur mit einer Fahrradkarte für 2,40 € (alternativ ein Einzelfahrschein, s. S. 128) gestattet. In Bus-

sen ist die Mitnahme in dieser Zeit generell untersagt.

„Fächerrad" (www.faecherrad.de) heißt ein **Fahrradverleihsystem,** bei dem an vielen Dutzend Standorten rund um die Uhr Drahtesel ausgeliehen und wieder abgegeben werden können. Vor der ersten Fahrt werden die persönlichen Daten erfasst. Das System wird von der Firma nextbike (www.nextbike.de) betrieben, die ähnliche Leihsysteme in mehr als 30 deutschen Städten unterhält – unter anderem in Köln, Hamburg und Berlin. Wer bei nextbike registriert ist, kann ohne neue Registrierung auch die Räder in Karlsruhe nutzen, einheitlich mittels App oder Hotline-Anruf. Die Miete beträgt 2 € pro Stunde, Tagespreis 9 €. In Karlsruhe verfügen die Mieträder zudem über einen Bordcomputer, der die Ausleihe mit einer Kundenkarte möglich macht. **Leihstationen** gibt es zum Beispiel am Hauptbahnhof [E6] und am Berliner Platz [G2]. Dort stehen auch **Elek**trofahrräder (Miete 4 € pro Stunde, Tagespreis 18 €) zur Verfügung.

S165 [A2] **Mike's Bike Guide,** Sophienstraße 180, Tel. 0721 855494, www.mikes.bike.de, Di.–Fr. 9.30–11.30, 14–19, Sa. 10–14 Uhr. Hier kann man Räder aller Art mieten – vom einfachen Rad oder E-Bike bis zur Rikscha, Mietpreis ab 14,50 €.

Schwule und Lesben

Lesbisch-schwule Filmtage, das Kulturfestival queerKULTUR und der jährlich groß gefeierte Christopher Street Day zeugen in Karlsruhe von einer **lebendigen Queer-Szene.** Außerdem gibt es einen Schwulenchor („Die Schrillmänner") und einen Les-

△ *Leihfahrräder stehen an vielen Orten zur Verfügung*

benchor („WEIBrations"), sich regelmäßig treffende Coming-out-Gruppen, einen schwulen Fanklub des Karlsruher Sport Clubs (Wildpark-Junxx) und einen Sportverein für Schwule. **Buntes Rauschen** (www.buntes-rauschen.de) wird eine regelmäßig stattfindende Party genannt, die Lesben, Schwulen, Bisexuellen und Transgender offensteht und **Rosapark** (www.rosapark.de) heißt eine Partyreihe für Schwule im Nachtwerk Musikclub (s. S. 85).

Beliebte **LGBT-Szenekneipen** sind das Prinz S und das Café Regenbogen in der AIDS-Hilfe Karlsruhe, deren Website auch viele weitere Infoadressen der Region für Schwule und Lesben bietet.

○166 [F4] **Café Regenbogen**, Wilhelmstr. 14, Tel. 0721 3548160, www.aidshilfe-karlsruhe.de, Do. 15–19 Uhr

○167 [G3] **Prinz S**, Zähringerstr. 15 (Eingang Fasanenplatz), Tel. 0721 9154599, www.prinz-s.de, Di.–Do. 18–1, Fr., Sa. 18–3, So. 16–24 Uhr

Sicherheit

Die Kriminalität in Karlsruhe, das weist die amtliche Statistik für das Jahr 2016 aus, weicht kaum von der in anderen deutschen Großstädten ab. So hat die Zahl der Diebstähle und Autoaufbrüche abgenommen. Größer geworden ist allerdings das Aggressionspotential, das sich vermehrt in körperlichen Attacken ausdrückt. Und auch die Zahl der Drogendelikte ist gestiegen. Für Besucher gilt wie überall, keine Wertgegenstände im Auto liegen zu lassen und Wertgegenstände nicht offen zur Schau zu tragen.

☞168 [I3] **Polizeipräsidium Karlsruhe**, Durlacher Allee 31–33, Tel. 0721 6660

Sport und Erholung

Bowling

S169 LAGO Bowling-Center Karlsruhe, Gablonzer Str. 13, Tel. 0721 5704230, www.lago-bowling.de, Mo.–Do. 15–24, Fr. 15–2, Sa. 11–3, So. 10–24 Uhr, Preis pro Person: ab 2 € pro Spiel. 24 Bowlingbahnen und ein Poolbillard-Turniertisch.

Kanu/Kajak

S170 paddelfritz Siegfried Hoppe, Reuchlinweg 5, 75378 Bad Liebenzell, Tel. 07052 5153, www.paddelfritz.de. Zu Touren auf der Alb durch Karlsruhe oder durch die Rheinauen bei Rastatt lädt die Firma paddelfritz, die auch Kanus und Wildwasserkajaks vermietet. Das Paddelgerät kann nach telefonischer Voranmeldung in Neupotz abgeholt werden.

Klettern

S171 Kletterhalle Deutscher Alpen Verein (DAV), Am Fächerbad 2, Tel. 0721 96879510, www.alpenverein-karlsruhe.de, Mo.–Fr. 15–23, Sa., So. 10–22 Uhr, Tageskarte: 8 € (ab 21 Uhr 4 €). Eine große Kletterhalle mit allen Schwierigkeitsgraden. Im Angebot sind auch zweistündige Kletterkurse, für die Gurte, Kletterschuhe und Sicherungsgeräte gestellt werden.

Nordic Walking

Für Nordic Walker gibt es vor allem in der Umgebung Karlsruhes viele ausgeschilderte Wege. Montagmorgens sind Lauftreffs im Angebot – unter anderem auch ein Nordic-Walking-Angebot für Frauen mit Babys.

❯ www.lauftreff.de

Gorodki – alte Sportart neu in Karlsruhe

Karlsruhe gilt als Hochburg des russischen Mannschaftssports Gorodki. So verfügt die Stadt nicht nur über zwei Spielfelder, darunter einer der modernsten der Welt, sondern auch über Lehrer und Ausbilder. Ziel des Spiels ist es, verschiedene Figuren, die aus fünf Holzklötzchen zusammengesetzt werden, mit einem Wurfstock aus einer abgegrenzten Spielfläche herauszuschlagen.

Dafür sollten möglichst wenige Versuche benötigt werden. Ein Wurf gilt als erfolgreich, wenn der Wurfstock bei der Landung die Klötzchen der aufgestellten Figur teilweise oder ganz aus dem Spielfeld räumt. Gewonnen hat, wer alle Spielfiguren mit weniger Wurfversuchen als der oder die Gegner ausgespielt hat. Die Größe des

Spielfelds kann angepasst werden, sodass auch Frauen, Kinder und Jugendliche die passenden Rahmenbedingungen vorfinden.

Das osteuropäische Wurfspiel gilt als eines der ältesten Spiele der Welt. Premiere hatte es in Karlsruhe zum Jahrtausendwechsel, als man die Sportart als Integrationsprojekt für jugendliche Spätaussiedler entdeckte. Inzwischen wird Gorodki auch in anderen deutschen Städten gespielt. Wer sich dafür interessiert, dem bietet die Gorodki-Abteilung des FV Grünwinkel gewöhnlich sonntags ab 15 Uhr auf der Wolfgang-Bürger-Gorodki-Anlage in Karlsruhe-Oberreut (Joachim-Kurzaj-Weg 5) ein für jeden offenes Training an.

> *www.gorodki.de*

Schwimmen

🅂172 [A6] **Europabad,** Hermann-Veit-Str. 5, Tel. 0721 16022400, Mo.–Sa. 10–23, So. 10–21 Uhr (Frühschwimmen Di. und Do. 6.30–9.30 Uhr). Spektakuläres Erlebnisbad mit Rutschen, Saunen und vielfältigem Spa-Angebot.

🅂173 **Fächerbad,** Am Sportpark 1, Tel. 0721 9670120, Mo. 19–23 Uhr, Di.–Fr. 6–23, Sa. 9–23, So. 9–19 Uhr. Behindertengerechtes Bad mit Außenanlagen und Saunen in Karlsruhes Nordosten, fünf verschiedene Becken, darunter ein 50-Meter-Sportbecken.

🅂174 **Rheinstrandbad Rappenwört,** Hermann-Schneider-Allee 54, Tel. 0721 1335229. Zwischen Rheinufer und Rheinwald gelegenes, 16 ha großes Sommerbad. Schwimmbecken für Erwachsene und Kinder sowie ein solarbeheiztes Mehrzweckbecken.

🅂175 [F4] **Therme Vierordtbad,** Ettlinger Straße 4, Tel. 0721 1335225, Mo. 14–23, Di.–Fr. 10–23, Sa. 10–22, So. 10–20 Uhr. Schwimmbad mit 36 Grad warmem Wasser und Saunenanlage, textilfreies Baden täglich ab 14 Uhr und Sa./So. ganztägig möglich.

🅂176 **Weiherhofbad Durlach,** Weiherhof 13, Tel. 0721 1335227, Mo.–Fr. 13–22, Sa. 9–20, So 9–17 Uhr. Hallenbad in Durlach mit 25-m-Schwimmbecken und einem Planschbecken für Babys, Solarien, Kräuter-Dampf-Kabine und Blockhaussauna.

> **Allgemeine Infos und Preisangaben** unter: www.ka-baeder.de

Wintersport

In der **Günther-Klotz-Anlage** [A5] ist nach Schneefall meist eine kleine Rodelbahn eingerichtet. Ansonsten

072kr·gs

Stadttouren

Das Angebot an Stadttouren ist vielfältig. So gibt es von Mai bis Oktober jeden Sa. und So. einen zweistündigen **öffentlichen Rundgang** (Treffpunkt: 10.45 Uhr an der Tourist-Information, s. S. 116, Erw. 7,90 €/ Kinder 4,90 €). Da immer nur eine begrenzte Zahl von Plätzen zur Verfügung steht, ist eine Voranmeldung von Nutzen. Außerdem sind zahlreiche **Themenführungen** im Angebot. So können Genießer die Braugeschichte der Stadt oder die badische Küche in ausgesuchten Restaurants kennenlernen. Karlsruher Geschichte wird bei anderen Rundgängen lebendig. Bei Touren auf Friedrich Weinbrenners Spuren, dem das Stadtbild prägenden Architekten, oder einem Rundgang zu Ehren Karl Drais, dem Vater des Fahrrads, schlüpfen die Guides in Kostüme – ebenso wie das „Waschweib Mimi", das Interessierte auf ihrer Tour mit Klatsch und Tratsch nicht nur aus markgräflicher Zeit versorgt. Eine dreistündige Fahrradtour und ein Spaziergang durch das weihnachtliche Karlsruhe runden das städtische Angebot ab.

› www.karlsruhe-tourismus.de/buchen/
  stadtfuehrungen/oeffentlich

bietet der nahegelegene **Schwarzwald** Gelegenheit zu Langlauf und Alpinski, Rodeln und Schneeschuhwandern. Die längste Skiabfahrt im Nordschwarzwald findet sich auf dem **Mehliskopf** an der Schwarzwaldhochstraße, wo bei entsprechenden Temperaturen auch Schneekanonen zum Einsatz kommen. Die Piste ist dann täglich von 9 bis 22 Uhr geöffnet, ab Einbruch der Dunkelheit bei Flutlicht.

› www.mehliskopf.de
› www.schwarzwald-informationen.de/
  wintersport.html
› www.loipenportal.de/nordschwarzwald

⌃ *Wintersportlern bietet der Schwarzwald die beste Bühne. Vor allem Langläufer kommen hier auf ihre Kosten.*

⌄ *Einfach und schnell lässt sich Karlsruhe mit dem Rad erobern, auch auf geführten Touren durch die Stadt*

073kr·gs

Auf eine zweistündige „ökofaire Entdeckungstour" nimmt das Künstlerpaar Ana und Anda (s. S. 55) Besucher mit. Sie zeigen, wo fair und ökologisch gehandelte Kleidung oder Kosmetik, Lebensmittel oder Souvenirs im Angebot sind.

❯ www.anaundanda.de/stadtfuehrungen-karlsruhe.html

Viele Dutzend Offerten gibt es zudem bei **Stattreisen** (www.stattreisen-karlsruhe.de), deren Guides zu Fuß, per Bus oder Straßenbahn u. a. zu sehenswerten Baudenkmälern führen, mit Interessierten auf den Spuren Karlsruher Erfinder wandeln oder Sehenswürdigkeiten in den Vororten oder in Ettlingen vorstellen. Auf kunsthistorische Führungen hat sich das Unternehmen **Art Regio Tours** (www.artregiotours.de) spezialisiert.

Natürlich kann man Karlsruhe auch per **Segway** erobern – und seit Neustem auch mit dem **Scrooser**, einem elektrogetriebenen Tretroller für Erwachsene. Start und Endpunkt der Touren ist die Firma CitySeg (www.

city-seg.de) am Siemens Industriepark Karlsruhe. Diese Touren, bei denen aus Sicherheitsgründen ein Helm getragen werden muss, sind allerdings nicht ganz billig.

Für Fußfaule verkehrt ein roter **Doppeldeckerbus** vom Vorplatz des Hauptbahnhofs zur Durlacher Karlsburg. Haltestellen unterwegs sind u. a. das Zentrum für Kunst und Medien, der Europaplatz, das Karlsruher Schloss und der Kreativpark Ost mit dem Alten Schlachthof. Sogar den eigenen Hund kann man auf die Tour mitnehmen! Der Hop-on-hop-off-Bus verkehrt gewöhnlich von April bis kurz vor Weihnachten.

❯ Mi, Fr. – So. (Juli – Sept. auch Do.) 10.30, 13 und 15.30 Uhr, Preis: 15 € (zwei Kinder in Begleitung eines Erwachsenen sind frei).

⌂ *Im Rheinhafen geht die MS Karlsruhe vor Anker (s. S. 126). Das Ausflugsschiff bietet regelmäßig Fahrten auf dem Rhein an.*

Interessante Stadterkundungen per Bus oder Straßenbahn bietet manches Wochenende auch der **Karlsruher Verkehrsverbund,** der passende Informationen auf seiner Website (www.kvv.de) unter „Freizeit" bereithält.

Im Rheinhafen (Werftstraße 2) ist die **MS Karlsruhe** zu Hause. Ein großes **Ausflugsschiff,** das von März bis November zu Fahrten entlang der Rheinauen nach Germersheim, Speyer oder Straßburg aufbricht – die beste Art, Karlsruhes Rheinseite vom Fluss aus kennenzulernen!

❯ www.fahrgastschiff-karlsruhe.de,
  Info-Tel. 0721 5997424

Tiere

In der Stadt herrscht großteils **Leinenpflicht,** vor allem in Fußgängerzonen, öffentlichen Anlagen und verkehrsberuhigten Bereichen. Außerdem sind alle Hundehalter verpflichtet, die Hinterlassenschaften ihrer Vierbeiner immer zu entfernen. Dafür stehen **kostenfreie Kotbeutel** zur Verfügung, die Rathäuser und Bürgerbüros, aber auch Zoohandlungen und viele andere Stellen abgeben. Eine große **Auslaufwiese** finden Hundehalter in der Günter-Klotz-Anlage [A5]. Weitere Flächen, auf denen Vierbeiner ohne Leine springen und toben können, finden sich auf der Website www.karlsruhe.de/b3/freizeit/gruenflaechen/hunde/auslaufflaechen/de.

❯ **Tierärztlicher Notdienst:**
  Tel. 0721 495566

▷ *Businesshotels wie das Leonardo Hotel locken am Wochenende manchmal mit Schnäppchenpreisen*

Unterkunft

Für Gäste stehen Betten in allen Preisklassen zur Verfügung, vor allem im Low-Budget-Bereich. Aber auch außerhalb der Stadt locken eine Reihe empfehlenswerter, meist privat geführter und zum Teil traditionsreicher Hotelbetriebe. Private Zimmer in Karlsruhe und Umgebung vermitteln:

❯ www.gloveler.de.
❯ www.bed-and-breakfast.de
❯ www.stay-over-night.de

Empfehlenswerte Hotels

🏨**177** [G3] **Achat Plaza** €-€€, Mendelsohn-Platz, 76131 Karlsruhe, Tel. 0721 37170, www.achat-hotels.com. **Übernachten in Staatstheaternähe:** 4-Sterne-Haus mit 215 vollklimatisierten und schallisolierten Zimmern in einem Backsteingebäude.

🏨**178** [F3] **Hotel Kaiserhof** €-€€, Karl-Friedrich-Str. 12, 76133 Karlsruhe, Tel. 0721 91700, www.hotelkaiserhof-ka.de. **Fitness inmitten der Innenstadt:** Laufband, Hantelbank, Spinning-Räder, Crosstrainer und Hantel warten auf alle, die sich fit halten wollen – auch Sauna und Dampfbad zum Entspannen. Gratis-WLAN und Fahrradverleih sowie kostenlose Festnetztelefonate europaweit.

🏨**179** [F6] **Ibis Karlsruhe Hauptbahnhof** €, Poststr. 1, 76137 Karlsruhe, Tel. 0721352320, www.accorhotels.com. **Ideal für Bahnreisende:** Wohnen im ehemaligen, denkmalgeschützten Bahnpostamt. 139 schallgeschützte Zimmer und Hotelparkplatz. Gratis WLAN und Flatscreen.

🏨**180** [F5] **Leonardo Hotel Karlsruhe** €-€€, Ettlinger Str. 23, Tel. 0721 37270, www.leonardo-hotels.com. **Zwischen Bahnhof und Schloss:** 147 komfortable Zimmer in zentraler Lage, eigene Tiefgarage, im Sommer mit hoteleigenem Biergarten. Firstclass-Businesshotel mit gelegentlichen Schnäppchenpreisen am Wochenende.

🏠**181** [H4] **Nashira Tower Suite** €€€, Hanne-Landgraf-Platz 1 (Am Wasserturm), Tel. 01629218075, www.towersuite.de. **Wohnen im Wasserturm:** Im denkmalgeschützten Gebäude lockt seit Kurzem ein Zimmer mit Queensize-Bett, Schreibtisch, komfortablem Bad und großen Fenstern, die in den Himmel blicken lassen.

🏠**182** [E4] **Novotel Karlsruhe City** €€-€€€, Festplatz 2, 76137 Karlsruhe, Tel. 0721 35260, www.novotel.com. **Kinder bis 16 Jahren übernachten kostenlos:** 4-Sterne-Haus mit Fitnessstudio, Dampfbad und Sauna.

🏠**183** **schuhs hotel & restaurant** €€, Neufeldstraße 10, 76187 Karlsruhe Knielingen, Tel. 0721 565100, www.schuhs-hotel.de. **Hundefreundlicher Familienbetrieb am Stadtrand:** gemütliches Hotel mit eigenem Restaurant, dessen Karte alle vier bis sechs Wochen wechselt. Zum Frühstück gibt es u. a. hausgemachte Marmelade.

🏠**184** **Villa Hammerschmiede** €€€, Hauptstraße 162, 76327 Pfinztal, Tel. 07240 6010, www.villa-hammerschmiede.de. **5-Sterne-Luxus in ehemaliger Krupp-Villa in Pfinztal-Söllingen:** elegante Zimmer und vielfältiges Wellness-Angebot: 24-Stunden-Schwimmen und Saunieren im Felsenbad. Tiefgarage und später Check-out am Abreisetag, Gourmetfrühstück und Feinschmeckerrestaurant. Das privat geführte Haus gehört zur Gruppe der Relais- und Chateau-Hotels. Auch Hunde sind willkommen!

🏠**185** [F5] **Zigarrenlagerei Südstadt** €-€€, Wilhelmstr. 47, Tel. 0179 2155196. **Die Vergangenheit lebt:** Das rustikale Loft in einer ehemaligen Zigarrenfabrik hat sei-

074kr-gs

EXTRAINFO

Buchungsportale

Neben Buchungsportalen für **Hotels** (z. B. www.booking.com, www.hrs.de oder www.trivago.de) bzw. für **Hostels** (z. B. www.hostelworld.de oder www.hostelbookers.de) gibt es auch Anbieter, bei denen man **Privatunterkünfte** buchen kann. Portale wie www.airbnb.de, www.wimdu.de oder www.9flats.com vermitteln Wohnungen, Zimmer oder auch nur einen Schlafplatz auf einer Couch. Diese oft recht günstigen Übernachtungsmöglichkeiten sind nicht unumstritten, weil manchmal normale Wohnungen gewerblich missbraucht werden. Wenn die Stadt regulierend eingreift, kann das zu kurzfristigen Schließungen führen. Eine Buchung unterliegt also einem gewissen **Restrisiko.**

nen eigenen Reiz. Im Winter heizt man wie früher mit dem Holzofen. Für alle, die Individualität und ein bisschen Nostalgie lieben!

Jugendherberge

⛺ **186** [D1] Jugendherberge Karlsruhe ^{€ – €€}, Moltkestr. 24, Tel. 0721 28248, www.jugendherberge-karlsruhe.de. **Einfach preiswert:** 167 Betten am Nordwestrand der City, vom 2-Bett- bis 6-Bett-Zimmer, z. T. mit Etagenduschen. Übernachtung ab 21,80 €!

Zeltplätze und Wohnmobilstellplatz

⚠**187** AZUR Camping Turmbergblick, Tiengener Str. 40, 76227 Karlsruhe, Tel. 0721 497236, www.azur-camping. de/de/campingplaetze/karlsruhe. Citynächster Campingplatz im Stadtteil Durlach mit Ver- und Entsorgung sowie Stromanschlüssen. Besonders außer-

gewöhnlich: Die Übernachtung im Campingfass, die hier ganzjährig möglich ist. Im Winter kuscheln sich Familien auf dem 2 x 2 m großen Doppelbett, im Sommer sitzt man draußen vor dem schicken Holzfass. Urlaub mal ganz anders!

⚠**188** Campingplatz Albgau, Kochmühle 1, 76337 Waldbronn, Tel. 07243 61849, www.albtal-tourismus.de. Zelt- und Wohnmobilstellplatz mit Stromanschlüssen, eigener Gaststube und Biergarten.

⚠**189** Wohnmobilstellplatz Parkplatz Ettlingen, Schöllbronnerstraße, 76275 Ettlingen. Vier bis acht Gratisstellplätze ohne Anschlüsse am Albgau-Freibad.

Verkehrsmittel

Bus und Bahn

Den öffentlichen Nahverkehr in und um die Stadt betreibt der **Karlsruher Verkehrs-Verbund (KVV)** mit **Bussen** und **Straßenbahnen.** Im weiteren Umfeld verkehren **S-Bahnen** und **Züge** – und die sogenannten „Tram-Trains", eine Karlsruher Stadtbahn-Spezialität. Das sind Bahnen, die sowohl das Wechselstromnetz der Deutschen Bahn als auch das Gleichstromnetz der örtlichen Straßenbahnen nutzen.

Die **Fahrpreise** sind je nach Fahrtziel gestaffelt. Für Kurzbesucher empfiehlt sich die **Tageskarte Citysolo** für 6,30 €. Familien und Kleingruppen sind mit der Tageskarte **City plus** (10,40 €) am besten bedient, mit der bis zu fünf Personen unterwegs sein

▷ *Die Tram ist eines der am meisten genutzten Verkehrsmittel der Stadt*

können. Die Karten sind nach ihrer Entwertung bis um 6 Uhr am Folgetag gültig. **Einzelfahrkarten** gibt es ab 1,90 € (mit BahnCard-Ermäßigung ab 1,40 €).

Tickets müssen immer **vor Fahrtantritt gekauft** und an Automaten in Bussen und Straßenbahnen **abgestempelt werden.** Die Bezahlung in Bussen und Bahnen ist nicht möglich. Erhältlich sind die Tickets u. a. in den **KVV-Kundenzentren** vor dem Hauptbahnhof (Mo.–Fr. 6.30–19, Sa. 9–17, So. 9–15 Uhr) oder im **Weinbrennerhaus** am Marktplatz ❼ neben der Stadtkirche (Mo.–Fr. 9–19, Sa. 9–17 Uhr) sowie an zahlreichen anderen Stellen. An vielen Haltestellen finden sich **Fahrkartenautomaten,** an denen auch mit EC-Karte bezahlt werden kann. Tagestickets und Einzelfahrscheine kann man auch über das **Handyticketportal** des KVV ordern (https://kvv.mobilesticket.de/portal/public/home/jsf).

In den Nächten auf Samstag und Sonntag sowie in allen Nächten vor Feiertagen verkehren die sogenannten **Nightliner.** So steuern vom Marktplatz aus zwischen 1.30 und 6.30 Uhr jede Stunde Busse die einzelnen Stadtteile an. In den Nächten von Mo. bis Fr. fährt der Nightliner nur einmal um 4.30 Uhr. Die eingesetzten Busse halten auf Wunsch des Fahrgasts auch außerhalb der Haltestellen – dort, wo ein sicheres Aussteigen problemlos möglich ist. Neben den Nightliner-Linien verkehren die **S-Bahnlinien 1 und 2** ebenfalls die ganze Nacht hindurch im Stundentakt.

Neben der elektronischen Fahrplanauskunft unter **www.kvv.de** gibt es auch ein **Servicetelefon** unter Tel. 0721 61075885 (Mo.–Fr. 7–19, Sa. 7–13 Uhr).

Taxi

Taxistände finden sich in der Innenstadt unter anderem rund um den Hauptbahnhof, am Badischen Staatstheater, in der Lamm-, Kaiser- und Karlstraße sowie in Durlach am Bahnhof und dem Hengstplatz. Zu Messezeiten gelten erhöhte Tarife.

❯ **Taxi-Funk-Zentrale Karlsruhe,** Tel. 0721 944144, www.taxi-zentrale-karlsruhe.de

❯ **Taxi-Ruf Karlsruhe,** Tel. 0721 160200, www.taxi-ruf-karlsruhe.de

Wetter und Reisezeit

Eigentlich ist die Stadt das ganze Jahr über und bei jedem Wetter ein lohnendes Reiseziel. Die langjährige **Durchschnittstemperatur** beträgt rund 11 Grad Celsius. Am wärmsten ist es im Juli und August. Im Winter sinken die Temperaturen in der Stadt nur bei stabilen Hochdrucklagen länger unter die Nullgradgrenze. Im Herbst und Winter kann **Nebel** im Rheintal die Reiselust trüben.

Ihre besonderen Reize haben Frühling, Spätsommer und Herbst, wenn die oft hochsommerliche Schwüle nicht mehr zum Tragen kommt. Allerdings muss man in Karlsruhe und Umgebung immer wieder mit **Regen** rechnen – am meisten im Januar und Mai – und mit einer relativ hohen Luftfeuchtigkeit. Den Reisenden am meisten Freude schenkt die Sonne, die jährlich knapp 1800 Stunden scheint.

Kunstinteressierte kommen im Winter immer auf ihre Kosten. Dann kann man den Museumsbesuch oft auch mit einer Schneewanderung im Schwarzwald verbinden. Auch die Adventzeit mit ihren stimmungsvollen Weihnachtsmärkten, z. B. in Durlach, hat ihre Reize. Am schönsten aber ist es sicher, wenn die Natur sich von ihrer bunten Seite zeigt und Karlsruhes grüne Lungen wie z. B. der große Schlosspark oder auch die Freiluft-Gastronomie – vom Biergarten bis zur Dachgartenbar – zum Erholen laden. Sollte es im Stadtgebiet zu warm werden: Mehr als ein Stündchen sind die kühlen Schwarzwald-Höhen nicht entfernt!

Durchschnitt	Wetter in Karlsruhe											
Maximale Temperatur	4°	6°	11°	15°	20°	23°	25°	24°	21°	15°	8°	5°
Minimale Temperatur	−2°	−1°	1°	5°	9°	12°	14°	13°	10°	6°	2°	−1°
Regentage	16	14	15	15	16	15	14	14	12	13	15	15
	Jan	Febr	März	Apr	Mai	Juni	Juli	Aug	Sept	Okt	Nov	Dez

ANHANG

Register

Das komplette Programm zum Reisen und Entdecken von
REISE KNOW-HOW

- **Reiseführer** – alle praktischen Reisetipps von kompetenten Landeskennern

- **CityTrip** – kompakte Informationen für Städtekurztrips

- **CityTrip**PLUS – umfangreiche Informationen für ausgedehnte Städtetouren

- **InselTrip** – kompakte Informationen für den Kurztrip auf beliebte Urlaubsinseln

- **Wohnmobil-Tourguides** – alle praktischen Reisetipps für Wohnmobil-Reisende

- **Wanderführer** – exakte Tourenbeschreibungen mit Karten und Anforderungsprofilen

- **KulturSchock** – Orientierungshilfe im Reisealltag

- **Kauderwelsch Sprachführer** – vermitteln schnell und einfach die Landessprache

- **Kauderwelsch plus** – Sprachführer mit umfangreichem Wörterbuch

- **world mapping project**™ – aktuelle Landkarten, wasserfest und unzerreißbar

- **Edition REISE KNOW-HOW** – Geschichten, Reportagen und Abenteuerberichte

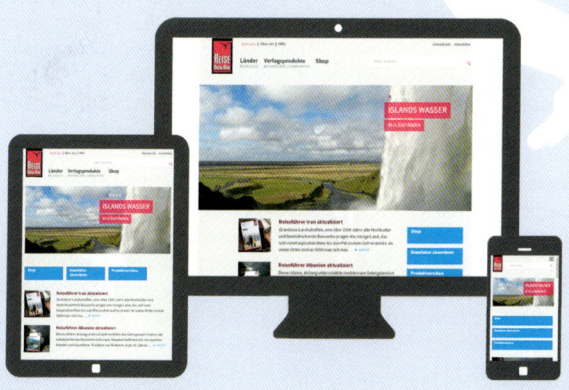

Der Autor

Günter Schenk hat für den REISE KNOW-HOW Verlag schon viele Reiseführer geschrieben. Diesmal hat er Karlsruhe unter die journalistische Lupe genommen und nicht nur die Stadt, sondern auch ihre Umgebung mehrfach bereist. So ist er im benachbarten Schwarzwald und am Rhein entlanggewandert, hat Schlösser und Museen besucht und viel mit Einheimischen gesprochen. Vor allem aber hat er Karlsruhe zu Fuß durchstreift und so manches interessante Detail wie das Grabmal des Fahrrad-Erfinders Karl Drais (s. S. 38) auf dem Hauptfriedhof entdeckt.

Als freier Reisejournalist arbeitet Günter Schenk für verschiedene renommierte Tageszeitungen und Magazine wie „GEO-Saison", „Rhein-Main-Presse", „Rhein-Neckar-Zeitung", „Badische Zeitung", „Frankfurter Rundschau", Badische Zeitung", „Badisches Tagblatt" und verschiedene deutschsprachige Zeitschriften.

Schreiben Sie uns

Dieses Buch ist gespickt mit Adressen, Preisen, Tipps und Daten. Unsere Autoren recherchieren unentwegt und erstellen alle zwei Jahre eine komplette Aktualisierung, aber auf die Mithilfe von Reisenden können sie nicht verzichten. Darum: Teilen Sie uns bitte mit, was sich geändert hat oder was Sie neu entdeckt haben. Gut verwertbare Informationen belohnt der Verlag mit einem Sprachführer Ihrer Wahl aus der Reihe „Kauderwelsch".

Kommentare übermitteln Sie am einfachsten, indem Sie die Web-App zum Buch aufrufen (siehe Umschlag hinten) und die Kommentarfunktion bei den einzelnen auf der Karte angezeigten Örtlichkeiten oder den Link zu generellen Kommentaren nutzen. Wenn sich Ihre Informationen auf eine konkrete Stelle im Buch beziehen, würde die Seitenangabe uns die Arbeit sehr erleichtern. Unsere Kontaktdaten entnehmen Sie bitte dem Impressum.

Impressum

Günter Schenk

CityTrip Karlsruhe

© REISE KNOW-HOW Verlag
   Peter Rump GmbH
1. Auflage 2017

Alle Rechte vorbehalten.

ISBN 978-3-8317-2909-8

PRINTED IN GERMANY

Druck und Bindung:
   Media-Print, Paderborn

Herausgeber: Klaus Werner
Layout: amundo media GmbH (Umschlag, Inhalt),
   Peter Rump (Umschlag)
Lektorat: amundo media GmbH
Karten: Ingenieurbüro B. Spachmüller,
   amundo media GmbH
Anzeigenvertrieb: KV Kommunalverlag GmbH &
   Co. KG, Alte Landstraße 23, 85521 Ottobrunn,
   Tel. 089 928096-0, info@kommunal-verlag.de
Kontakt: Osnabrücker Str. 79, 33649 Bielefeld,
   info@reise-know-how.de

Bildnachweis

Umschlagvorderseite: fotolia.com©pure-life-pictures | Umschlagklappe rechts: Günter Schenk
Soweit ihre Namen nicht vollständig am Bild vermerkt sind, stehen die Kürzel an den Abbildungen für die folgenden Fotografen, Firmen und Einrichtungen. Günter Schenk: gs | fotolia.com: fo | Stadtmarketing Karlsruhe GmbH: sm | Stadtmuseum Karlsruhe (Karlstr. 10, 76131 Karlsruhe): sk | Staatliches Museum für Naturkunde Karlsruhe: SMNK | KTG Karlsruhe Tourismus GmbH: ktg

Liste der Karteneinträge

Hier nicht aufgeführte Nummern liegen außerhalb der abgebildeten Karten. Ihre Lage kann aber wie die von allen Ortsmarken im Buch mithilfe der Web-App angezeigt werden (s. S. 142).

Zeichenerklärung

❶	Hauptsehenswürdigkeit, fortlaufend nummeriert
[E3]	Verweis auf Planquadrat
✚ ✚	Arzt, Apotheke, Krankenhaus
❶	Bar
▨	Bibliothek
◐	Biergarten, Kneipe
•	Brunnen
◐	Café, Eiscafé
†	Friedhof
☎	Galerie
▟	Geschäft, Kaufhaus, Markt
▲	Gipfel
⌂	Hotel, Unterkunft
❶	Imbiss
❶	Informationsstelle
▟	Jugendherberge, Hostel
⇨	Kirche
☪	Moschee
☷	Museum
◑	Musikszene, Disco
P P	Parkplatz/-haus
☞ ⚙	Polizei
✉	Postamt
◍	Restaurant
▤	Schwimmbad
•	Sonstiges
S	Sport-/Spieleinrichtung
○	Straßenbahn-Halt
✡	Synagoge
◐ ☷	Theater
—	Stadtspaziergang (s. S. 13)
▭	Shoppingareale
▭	Gastro- und Nightlife-Areale
★★★	nicht verpassen
★★	besonders sehenswert
★	wichtig für speziell interessierte Besucher

Karlsruhe mit PC, Smartphone & Co.

QR-Code auf dem Umschlag scannen oder **www.reise-know-how.de/citytrip/karlsruhe17** eingeben und die **kostenlose Web-App** aufrufen (Internetverbindung zur Nutzung nötig)!

★**Anzeige der Lage und Satellitenansicht aller** beschriebenen Sehenswürdigkeiten und weiterer Orte
★**Routenführung** vom aktuellen Standort zum gewünschten Ziel
★**Exakter Verlauf** des empfohlenen Stadtspaziergangs
★**Updates** nach Redaktionsschluss

GPS-Daten zum Download

Auf der Produktseite dieses Titels unter www.reise-know-how.de stehen die GPS-Daten aller Ortsmarken als KML-Dateien zum Download zur Verfügung.

Stadtplan für mobile Geräte

Um den Stadtplan auf Smartphones und Tablets nutzen zu können, empfehlen wir die App „Avenza Maps" der Firma Avenza™. Der Stadtplan wird aus der App heraus geladen und kann dann mit vielen Zusatzfunktionen genutzt werden.

Die Web-App und der Zugriff auf diese über QR-Codes sind eine freiwillige, kostenlose Zusatzleistung des Verlages. Der Verlag behält sich vor, die Bereitstellung des Angebotes und die Möglichkeit der Nutzung zeitlich und inhaltlich zu beschränken. Der Verlag übernimmt keine Garantie für das Funktionieren der Seiten und keine Haftung für Schäden, die aus dem Gebrauch der Seiten resultieren. Es besteht ferner kein Anspruch auf eine unbefristete Bereitstellung der Seiten.

Badisches
Landes

Unver
www.landesmuseum.de
gängliche
Augen
blicke

50.000 Jahre Kunst- und Kulturgeschichte
Große Sonderausstellungen
Filmerlebnis im Schlossturm

Schloss
Karlsruhe

Museum

Liniennetzplan
Stadt Karlsruhe

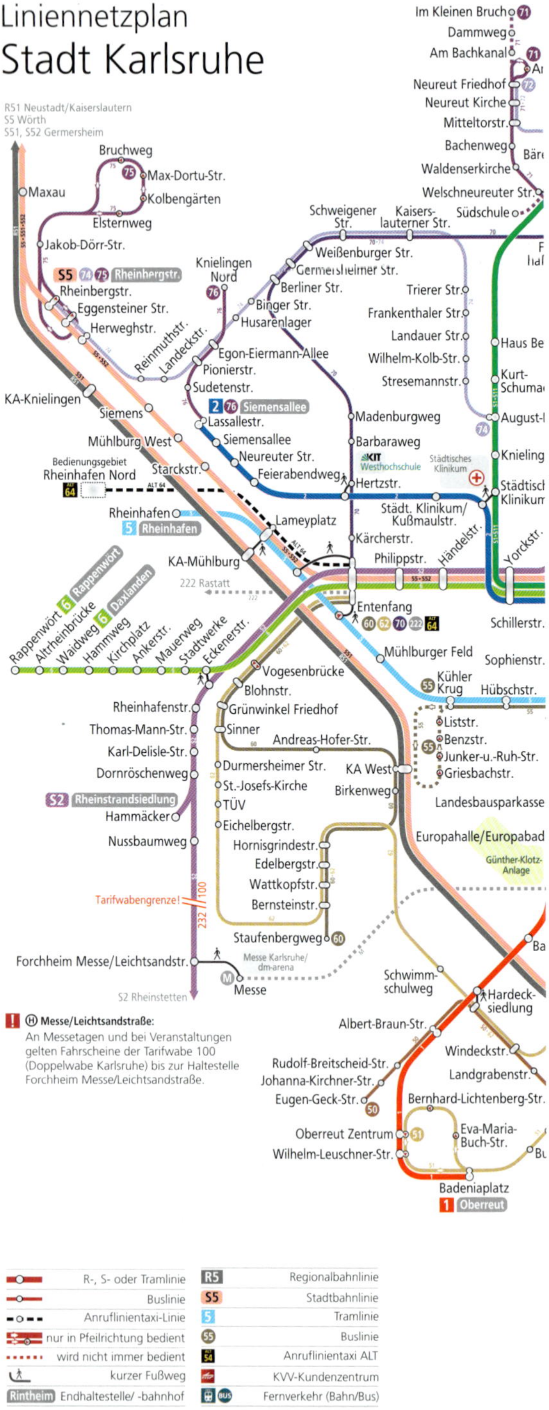

Diesem CityTrip-Band wurde hier ein heraus-
nehmbarer Faltplan beigefügt. Sollte er beim
Erwerb des Buches nicht mehr vorhanden sein,
fragen Sie bitte bei Ihrem Buchhändler nach.

RS1 Neustadt/Kaiserslautern
S5 Wörth
S51, S52 Germersheim

Bruchweg
Maxau
Max-Dortu-Str.
Kolbengärten
Elsternweg
Jakob-Dörr-Str.
Rheinbergstr.
Eggensteiner Str.
Herweghstr.
Reinmuthstr.
Landeckstr.
KA-Knielingen
Siemens
Mühlburg West
Lassallestr.
Siemensallee
Neureuter Str.
Feierabendweg
Bedienungsgebiet
Rheinhafen Nord
Starckstr.
Rheinhafen
Rheinhafen
KA-Mühlburg
Rappenwört
Altrheinbrücke
Waldweg
Hammweg
Kirchplatz
Ankerstr.
Mauerweg
Stadtwerke
Eckenerstr.
Rheinhafenstr.
Thomas-Mann-Str.
Karl-Delisle-Str.
Dornröschenweg
Hammäcker
Nussbaumweg
Tarifwabengrenze!
Forchheim Messe/Leichtsandstr.
Rheinstrandsiedlung

Knielingen
Nord
Binger Str.
Husarenlager
Egon-Eiermann-Allee
Pionierstr.
Sudetenstr.
Siemensallee
Vogesenbrücke
Blohnstr.
Grünwinkel Friedhof
Sinner
Andreas-Hofer-Str.
Durmersheimer Str.
St.-Josefs-Kirche
Eichelbergstr.
Hornisgrindestr.
Edelbergstr.
Wattkopfstr.
Bernsteinstr.
Staufenbergweg
Messe Karlsruhe/
dm-arena
Messe
S2 Rheinstetten

Im Kleinen Bruch
Dammweg
Am Bachkanal
Neureut Friedhof
Neureut Kirche
Mitteltorstr.
Bachenweg
Waldenserkirche
Welschneureuter Str.
Schweigener
Str.
Kaisers-
lauterner Str.
Südschule
Weißenburger Str.
Germersheimer Str.
Berliner Str.
Trierer Str.
Frankenthaler Str.
Landauer Str.
Wilhelm-Kolb-Str.
Stresemannstr.
Madenburgweg
Barbaraweg
Städtisches
Klinikum
Hertzstr.
Städt. Klinikum/
Kußmaulstr.
Kärcherstr.
Philippstr.
Entenfang
Mühlburger Feld
Kühler
Krug
Hübschstr.
Liststr.
Benzstr.
Junker-u.-Ruh-Str.
Griesbachstr.
KA West
Birkenweg
Landesbausparkasse
Europahalle/Europabad
Günther-Klotz-
Anlage

Haus Be
Kurt-
Schuma
August-
Knieling
Städtisch
Klinikum
Yorckstr.
Schillerstr.
Sophienstr.
Bär

Lameyplatz
Kärcherstr.

Schwimm-
schulweg
Albert-Braun-Str.
Rudolf-Breitscheid-Str.
Johanna-Kirchner-Str.
Eugen-Geck-Str.
Oberreut Zentrum
Wilhelm-Leuschner-Str.
Windeckstr.
Landgrabenstr.
Bernhard-Lichtenberg-Str.
Eva-Maria-
Buch-Str.
Hardeck-
siedlung
Badeniaplatz
Oberreut

Messe/Leichtsandstr.:
An Messetagen und bei Veranstaltungen
gelten Fahrscheine der Tarifwabe 100
(Doppelwabe Karlsruhe) bis zur Haltestelle
Forchheim Messe/Leichtsandstraße.

R-, S- oder Tramlinie
Buslinie
Anruflinientaxi-Linie
nur in Pfeilrichtung bedient
wird nicht immer bedient
kurzer Fußweg
Rintheim Endhaltestelle/ -bahnhof

R5   Regionalbahnlinie
S5   Stadtbahnlinie
5   Tramlinie
55   Buslinie
5   Anruflinientaxi ALT
     KVV-Kundenzentrum
     Fernverkehr (Bahn/Bus)